中国历史超好看

# 三国·两晋
## 超有趣

袁恒毅◎主编　蒋丽梅◎编著

中国华侨出版社
北京

## 图书在版编目（CIP）数据

三国两晋超有趣 / 蒋丽梅编著. —北京：中国华侨出版社，2020.7（2021.9重印）

（中国历史超好看 / 袁恒毅主编；4）

ISBN 978-7-5113-8219-1

Ⅰ.①三… Ⅱ.①蒋… Ⅲ.①中国历史—三国时代—通俗读物②中国历史—晋代—通俗读物 Ⅳ.①K235.09

中国版本图书馆CIP数据核字（2020）第100296号

## 三国两晋超有趣

| 主　　编： | 袁恒毅 |
|---|---|
| 编　　著： | 蒋丽梅 |
| 责任编辑： | 黄　威 |
| 封面设计： | 阳春白雪 |
| 文字编辑： | 张亚明 |
| 美术编辑： | 宇　枫 |
| 经　　销： | 新华书店 |
| 开　　本： | 720毫米×1020毫米　1/16　　印张：10　　字数：105千字 |
| 印　　刷： | 唐山楠萍印务有限公司 |
| 版　　次： | 2020年7月第1版　2021年9月第3次印刷 |
| 书　　号： | ISBN 978-7-5113-8219-1 |
| 定　　价： | 228.00元（全8册） |

中国华侨出版社　北京市朝阳区西坝河东里77号楼底商5号　　邮编：100028

发行部：（010）88866779　　　　传　真：（010）88877396

如发现印装质量问题，影响阅读，请与印刷厂联系调换。

# 前言

历史是一面鉴古知今的镜子，也是提供知识给养的文化食粮。尤其是对广大青少年而言，读史不仅是积累知识的有效方法，也是提升语文写作能力的重要途径，更是积淀良好文化素养的成功之道。作为优秀的历史读物，《中国历史超好看》将为青少年开启新的阅读视野……三国两晋，是我们此时阅读之旅的第四站。

三国两晋时代，是一个被中国人传颂的传奇时代。在这个时代，烽火迭起，英雄辈出。从来没有这样的一个时代，让战争变得如此频繁；从来没有这样的一个时代，让个人才能发挥到如此极致；从来没有这样的一个时代，孕育了那样多的文化瑰宝，留下了无数的珍闻趣事。在这一时期，中原大地烽火连天，民不聊生，想过安定日子是奢望；然而也正是在这一时期，无数英雄豪杰出现在人们的视野中，指点江山，激扬文字，留下一段段令人心潮澎湃的传奇故事。

一部《三国演义》在中国流传了几百年，相信大部分人对于魏代汉祚、司马篡魏的故事都耳熟能详。义薄云天的关云长，鞠躬尽瘁的诸葛亮，罗贯中的一支生花妙笔，刻画出的那些个性鲜明的人物让人们念念不忘。但是那些动人的情节让我们忽略了《三国演义》小说的本质，甚至常常把它和真正的历史混为一谈。其实，《三国演义》的可信度并没有通常认为的那么高，有时候甚至到了"七分虚三分实"的地步。

记载三国两晋时期历史的史书虽然不少，但内容远不如其他朝代的正史丰富。《三国志》只有六十五卷，正文的内容还不如裴松之注释的一半多。记载了两晋历史的《晋书》，共有包括房玄龄、褚遂良、上官仪在内的二十一位作者，众位作者笔法各不相同，所叙述的又是这个国家四分五裂的时代，难免会给普通读者带来不小的阅读障碍。

正因如此，我们很难读出个所以然来，很难了解到历史的真实。本书通过对《三国志》《晋书》等一系列史书的现代化解读，用轻松幽默的语言向读者讲述了三国两晋的那段历史，带读者走进那个波澜壮阔的时代。

全书分为"天下骚动：野心是一首送魂曲""三足鼎立：一个馅儿饼分三份""司马之路：坚持和谋略一样重要""血色西晋：奸人当道的小时代""疯魔东晋：枭雄横行患成灾"五个部分，完整地叙述了东汉末年群雄并起三国并立到三家归晋，再到刘裕弑君东晋灭亡的整个过程与故事。

本书以正史为蓝本，注重还原真实历史，为青少年梳理构建完整的历史脉络和框架。全书语言通俗易懂、生动有趣，故事精彩纷呈、博人眼球，让青少年花最少的时间轻松读历史，从而培养他们对历史的浓厚兴趣。通过精彩的人物事迹和历史故事，也能提升青少年的历史知识，开阔他们的视野，奠定他们受用一生的历史文化基石。

此刻，让我们一同走进三国两晋的过往，一起去透过历史迷雾，还原历史真相吧！

# 目 录

## 第一卷 天下骚动：野心是一首送魂曲

### 第一章 天下纷纷：玩儿完是一瞬间的事 …………………… 2
东汉末年那些事儿 ………………………………………………… 2
三个臭皮匠：刘关张 ……………………………………………… 5
我要废皇帝 ………………………………………………………… 9

### 第二章 我们的目标是董卓 ……………………………………… 13
曹阿瞒来了 ………………………………………………………… 13
该死的终于死了 …………………………………………………… 17

### 第三章 烽烟四起：天下一片乱糟糟 ………………………… 21
我要我的地盘 ……………………………………………………… 21
西方在群殴 ………………………………………………………… 24

### 第四章 武力乱象：我们都爱兼并 …………………………… 29
孙策据江东 ………………………………………………………… 29
国丈的秘密 ………………………………………………………… 31

1

# 第二卷　三足鼎立：一个馅儿饼分三份

## 第一章　长坂混战：刘大耳朵快跑 ·················· 36
　　还是亲人靠得住 ···································· 36
　　诸葛亮，我终于见到你了 ···························· 39

## 第二章　江东固权：孙权不是好惹的 ·················· 43
　　是我的就是我的 ···································· 43
　　周帅哥来了 ········································ 46

## 第三章　赤壁之战：鲜血染红的前途 ·················· 49
　　各有各的"降龙十八掌" ······························ 49
　　周帅哥点火 ········································ 52

## 第四章　进军益州：在别人的土地上写自己的发家史 ······ 55
　　怪我眼瞎看错了人 ·································· 55
　　凤落落凤坡 ········································ 59

## 第五章　败走麦城：出来混是要还的 ·················· 62
　　老天爷都来帮忙 ···································· 62
　　不晃悠的徐晃 ······································ 67
　　这回彻底栽了 ······································ 71

## 第六章　各自登位：再见吧汉朝 ······················ 76
　　我爸爸的就是我的 ·································· 76
　　只有皇叔是正牌 ···································· 79
　　兄弟都死了，我也不想活了 ·························· 81

## 第三卷 司马之路：坚持和谋略一样重要

### 第一章 孔明北伐：我要对得起刘先生 …… 86

我要我的中原 …… 86

马谡失街亭，孔明唱空城 …… 89

最后的北伐 …… 93

死得不甘心哪 …… 96

### 第二章 晋朝一统：分久必合才是王道 …… 98

蜀国没有看头了 …… 98

晋朝开宗立派了 …… 100

吴国也没了 …… 102

## 第四卷 血色西晋：女人当道的小时代

### 第一章 权臣作孽：涉危蹈险的帝国 …… 106

杨骏不是老实人 …… 106

原来都不是好东西 …… 109

### 第二章 内乱不止：你争我夺誓不休 …… 113

卷土重来看我的 …… 113

要性命跑大山 …… 116

### 第三章 国土沦丧：西晋彻底走到尽头 …… 119

刘渊称王 …… 119

匈奴来了，皇帝慌了 …… 121

开着羊车去投降 ········································· 124

## 第五卷 疯魔东晋：枭雄横行患成灾

### 第一章 南渡北归：这条路很难走 ········································· 128
  晋朝有了新生命 ········································· 128
  鹿死谁手不一定 ········································· 132
  要玩就玩大的 ········································· 135
  臣子很跋扈，皇帝很无奈 ········································· 139

### 第二章 宋武出山：丧钟为东晋响起 ········································· 142
  你们乱着我夺权 ········································· 142
  东晋至此呜呼哀哉了 ········································· 148

## 第一卷
# 天下骚动：野心是一首送魂曲

# 第一章

## 天下纷纷：玩儿完是一瞬间的事

### 东汉末年那些事儿

刘邦一统天下，汉室始建，后经文、景、武三帝，大汉遂成帝国，与西方罗马称兄道弟，被史家津津乐道为"西罗马，东长安"。后虽有宣帝中兴，亦免不了后世不争。元帝时，外戚和宦官两大势力兴起，遂成汉朝之乱的恒久主题。王莽代汉，建立新朝，终被刘秀回收，东汉遂于洛阳而起。明、章二帝共建"明章之治"，使得东汉直逼祖先，大有繁华之象。然而章帝晚年，外戚窦氏嚣张跋扈，至和帝时，又宠信宦官，从此，外戚和宦官彻底成了东汉无法消除的痛。

从和帝开始，东汉每个皇帝在继位的时候年纪都非常小，而且这些皇帝在上台之后通常活不了多久就驾崩了，只能再扶上来一个小皇帝，这样就形成了一个十分严重的恶性循环。其中最为典型的是殇帝，仅仅出生刚过百日，就成了皇帝，死的时候甚至都不知道自己做过皇帝。

由于皇帝大多年幼继位，于是就出现了像在晚清时期慈禧太后"垂帘听政"的做法。而这些垂帘听政的太后们，年龄都不大，一般不过二十几岁。她们死了丈夫，精神空虚颓废，无以寄托，把思想感情的关注点，从夫妻生活转移到处理朝廷大事上来。然而，这些年轻的太后们没有起码的社会经验和统治经验，她们根本没有能力来驾驭国家机器，只好依靠自己娘家的父兄，帮助自己来处理国家大事。这样一来，国家政权便落到了外戚的手中，逐渐形成了一个十分强势的外戚集团。于是他们完全为了娘家服务，为了满足占有欲便中饱私囊，令朝政昏聩，顿时成为一个实实在在的"娘家政权"。

这种权利的控制只能是暂时的，谁都知道皇帝总有一天会长大，小孩总有一天会懂事，会不再听从摆布，有些外戚为了保住自己来之不易的地位，便动了弑君的念头，只不过有些时候这种手段相当隐秘，不易被外人发觉，这也是为什么东汉中后期的皇帝多早夭的原因之一。

虽然危机重重，但是也有一部分皇帝能够摆脱外戚的魔爪，在担惊受怕当中成长起来。出于皇帝的自尊心，他们必须重新建立自己在政权当中的核心地位，但是外戚的存在让皇帝很难达到自己的目的。由此，皇帝身边最为亲近的人，每天都能见到的宦官，就成为了皇帝唯一的选择。正如《后汉书·宦者列传》所说："内外臣僚，莫由亲接，所与居者，唯阉宦而已。"

宦官照管皇帝的日常起居，熟悉皇帝的性情习惯，是皇帝身边的亲信。当皇帝长大成人，要求拿回本来就属于自己的政治权力的时候，必然同企图继续专权的外戚集团产生矛盾。在同外戚集团的斗争中，宦官也就自然而然地成为皇帝的盟友。

在宦官的协助下，皇帝夺回了政权。夺回政权之后，有功的宦官"遂享土地之封，超登公卿之位"，国家的权力便又落到了这些"有功"的宦官手中。由于他们本来的文化程度较低，再加上长期的压抑，使得他们的执政手段变得简单而粗暴，就是"顺我者昌，逆我者亡"，朝政由此变得更加黑暗。

东汉到了汉桓帝时，一度瓦解了外戚梁冀势力，代之而起的是宦官单超等"五侯"。五侯比起梁冀来有过之而无不及，他们对百姓极尽勒索抢劫之能事，导致民不聊生，怨声载道。汉廷经此一乱，国势益弱，衰颓如将逝老妇。后来桓帝去世，没有留下子嗣，桓帝的亲堂侄刘宏遂在窦武为首的外戚势力拥护下即位，这就是灵帝。

汉灵帝即位之初，窦武就动起了剪除宦官势力的脑子，却被宦官

3

的一场政变所反扑,宦官遂再次擅权。又加上汉灵帝这个人昏庸无能,骄奢淫逸,非但沉迷于酒色、公然卖官,更是一味宠幸宦官,尊宦官张让等人为"十常侍"。

当时一些比较清醒的官吏,早已看出宦官集团执政的黑暗腐败,也进一步成为大规模农民起义的导火索。郎中张钧在给皇帝的奏章中明白指出,黄巾起义是外戚宦官专权逼出来的,他说:"张角所以能兴兵作乱,万人所以乐附之者,其源皆由十常侍多放父兄、子弟、婚亲、宾客典据州郡,辜榷财利,侵略百姓,百姓之怨无所告诉,故谋议不轨,聚为'盗贼'。"此为后话。却标志着另外一种政治势力的崛起——满朝的读书之人,大汉的官吏。

东汉末期形成了这样一种景象:在朝的正直官僚、在野名士和京师的太学生结合起来,评议世人,抨击时政,以专权的外戚和宦官为批判对象,亦不乏联名请愿、干预朝政之事。这就是东汉末年的"清议"。

这场"清议"运动可谓汉朝统治阶级中关于整个全国政治进行的最后一次内部调节。历来,深受传统儒家文化影响的儒生就是监督国家政治、完善国家体制的重要组成,他们在朝政当中有着举足轻重的作用。只要到了关键时刻,汉代所建立的严密的监察体制就会运行,劝谏皇帝改变现行的不合理的政策,为百姓、为国家留出一条明明白白干干净净的活路。但是这种监察或者调节体系有着十分重大的缺陷,因为它完全是建立在皇帝本人是否能够礼贤下士、是否能够排除谗言而听忠言的基础上。

如果运气好,遇上了明君,也还要看当时的实力是否掌握在皇帝手中,皇帝有没有能力去实践这些建议。事实上,在东汉末年这种前所未有的朝政极端腐败的情况下,读书人就只能如同飞蛾扑火般为这个即将没落的王朝殉葬,为这个扶不起来的朝廷陪死,而这其中的带头人便是李膺。

桓帝时,李膺任司隶校尉,曾不上报而处死宦官张让那个作恶多端的弟弟张朔,致使宦官们不敢直着腰板走路,不敢大声说话,也不敢随随便便出宫门玩耍。桓帝见宦官们小心翼翼，于是向他们询问发生了什么事，只见他们都一把鼻涕一把泪地边叩头边哭诉着说："畏李校尉。"（《后汉书·党锢列传》）李膺清正如此，不愧为当世名士。其实如李膺者也不乏其人，其中代表人物就有"三君""八俊""八顾""八及"和"八厨"等当时名士。

只是政治腐败，光靠名人的嘴和正直的性子也无可奈何，有时倒成了大祸的源头，可谓祸从口出。那些宦官们权力在手，又岂能任由这群名士来随性非议自己？于是在桓、灵二帝期间制造了两场党锢之祸。党锢之祸使东汉失去大批正直名士，可谓伤及根本。

此时百姓已然被逼得毫无退路，因此，起义成了唯一的选择。汉灵帝中平元年（184年），酝酿已久的黄巾起义爆发了。

汉末大乱的又一个祸源，董卓是逃不掉的。吕思勉先生指出："所以论起汉末的分裂来，董卓确是一个罪魁祸首。"（吕思勉《三国史话·董卓的扰乱》）董卓如狼，入京后上乱汉廷，下残百姓，导致各地群雄蜂起，大打割据战，各霸一方，天下遂成战国故事。汉廷天子成了诸侯的傀儡，汉朝有名无实，灭亡是注定的了。

东汉乱而至亡，若归于一点，也在对于百姓的忽视。无论是宦官、外戚和董卓，其目的都只为自己权力在手，而无暇顾及百姓的死活，更有甚者还直接毒害百姓，所有这一切都令百姓有苦无处申。

东汉末年，因权力而眼红如狼、心狠如虎的人们，无一不忽视百姓的苦，即便有人心存改之，却又因无法步入权力殿堂而毫无施政力量。

### 三个臭皮匠：刘关张

黄沙弥漫，马蹄响起，从黄沙中走出了三个人……

黄巾之乱平定了，自然要数数其间的英雄人物。皇甫嵩、朱儁、卢植等实为汉朝的一批英雄，然而岁月催人，终究老了一辈，东汉末年的群雄争霸已不见他们的身影。要说，就要说说黄巾起义中的年轻英雄，如大耳刘备。

所谓时势造英雄，刘备便是这混乱时势造就的一个英雄。刘备，字玄德，约于汉桓帝延熹四年（161年）生于涿郡涿县（今河北涿州）。是汉景帝的儿子中山靖王的后代。这后代也不知后了几代，虽然和当今皇帝的关系有点远，但这个头衔多少还是让刘备吃香的，否则刘备就不会拿来自称了，足见刘备此人懂得利用先天优势。当然，乱世里若纯粹靠个名头，那是撑不起来的。刘备这人有实力，而这实力更远在其名头之上。

刘备少年时父亲便已不在，他和母亲靠着编编草鞋、做做席子过日子，简单而又平凡。虽是如此，刘备却从来也不曾灭了志气，这与生俱来的志气或许源于一种皇室的矜贵。听过刘备故事的人都知道，刘备房子的东南面上有一棵高约十七米的大桑树，路人看见，纷纷称奇，有人就说了："此家必出贵人。"（《汉晋春秋》）幼时，刘备和他的小伙伴们在树下玩耍。小伙伴们个个灰头土脸，有的鼻涕流到了嘴巴里，嘻嘻哈哈地打来打去。小刘备偶尔头一抬，望见了大树高耸入云，一股热血直上心头，仿佛要与这桑树比比高低。于是他便指着这棵大树，神气地拍着他的小肚子，大声地对他的伙伴们说："吾必当乘此羽葆盖车。"（《三国志·蜀书·先主传》）这话一出来，倒将他那个树荫下乘凉的叔父吓了半死。

虽说孩子幼稚，难免说些戏话，但若无梦，又怎么能有如此豪言壮志？至15岁时，他的母亲让他师从卢植。当时，刘备有一个亲戚叫作刘元起的经常资助他学费，刘元起老婆认为各为两家，经常资助是不妥的，元起就说了："吾宗中有此儿，非常人也！"（《三国志·蜀书·先主传》）不知元起是如何看中刘备的，然而刘备的外貌也确实异于常人。《三国志》里这样记载："垂手下膝，顾自见其耳。"也就是手很长，耳垂很大。耳垂大是福气的象征，看看弥勒佛也就知道了，也因此，刘备的敌人都称呼他为"大耳贼"。

刘备为人沉稳，《三国志》里说"喜怒不形于色"，可见是个有心计之人。当然沉默不代表不和人说话，刘备礼贤下士，能服于人，年少时就好结交英雄豪侠。当时有中山大商人张世平和苏双来到涿郡卖马，就交友于刘备，并给予他钱财。后黄巾之乱起，刘备便用这些资本来招募些兵士，于黄巾军中小试英雄刀芒。

刘备的最大特征是"仁"，然而刘备不是宋襄公那类仁而不雄的人。刘备是个英雄，"仁"在他手里不仅是一个目的，还是一个手段，所以"仁"字贯穿他始终，以至这个特征经由后来的《三国演义》大肆渲染后，倒有了一种讽刺的意味，如鲁迅曾说过：欲显刘备之长厚而似伪。

关羽，本字长生，后改云长，河东解良（今山西解州）人，因逃亡来到了涿郡。大致古代英雄的外貌都必须有点特征，若说起关羽，自然忘不了他的美髯和红脸。"身长九尺，髯长二尺，丹凤眼，卧蚕眉，面如重枣，唇若涂脂"，这是众多艺术作品对于关羽的经典描写，也作为关羽的一贯形象常驻后人心中。但是，《三国志》里对于关羽的外貌毫无描绘，至于关羽的出身，正史里更是无所记载，直到清朝康熙年间，关羽的墓砖被挖掘出来，其家族情况才大致清晰。

关羽武艺高强，陈寿称他为"万人之敌，为世虎臣"（《三国志·蜀书·关张马黄赵传》）。死后其形象逐渐被神化，成为民间祭祀的对象，被尊称为"关公"，到了清朝被封为"忠义神武灵佑仁勇威显关圣大帝"，甚至在佛教当中被当作释迦牟尼佛的护法神，在儒家文化中更是忠义精神的最高代表。人称"关公""武圣"和"文圣"——儒家的创始人孔子相提并论。无论是在政治还是文化上，关羽都是一个特殊的符号，其能够被儒释道三家所推崇更是在中国历史上十分罕见的一个特例。然而关羽性格中也有缺陷，那便是他的高傲，陈寿称为"刚而自矜"。后来东吴正是抓住他的这个性格死穴，致使一代虎臣也难免落入平阳。

关羽的特征是一个"义"字。《三国演义》里，曹操一句"云长真义士也"，明白地点出了关羽的义气，而关羽也因此被称为"义绝"。虽说后代有渲染之嫌，然无风不起浪，历史上的关羽若没有义气，是不会被后人铭记的。

张飞，字翼德，涿郡人。张飞礼贤惜英，大有名士之风。外貌上，《三国演义》称"燕颔虎须，豹头环眼"，纯粹是个莽汉形象，戏曲里的张飞亦经常以黑脸出现。然而根据最新的考古发现，张飞很有可能是个潘安似的美男子，而且他的两个女儿后来都成了蜀汉后主的皇后，其相貌不会差到哪里。

张飞的武艺和关羽不相上下，"万人之敌，为世虎臣"也是用来评价他的。张飞最大的缺点就是脾气暴躁，不懂得尊重下属，这也成了他日后遇害的原因。陈寿因此评价张飞，说是"暴而无恩，以短取败，理数之常也"（《三国志·蜀书·关张马黄赵传》）。而这样的缺点让人们往前追溯，也许就是张飞后来成为《三国演义》中所描绘的那个被人所熟识的形象的原因。

再说刘备于涿郡招兵，结识了关羽、张飞。三人可谓结识恨晚，其关系亲同兄弟，《三国志》里这样记载："寝则同床，恩若兄弟，而稠人广众，侍立终日，随先主周旋，不避艰险。"可见三人的关系是休戚与共、患难相携的。这里也从另一个侧面体现了刘备对于人才的控制与使用技巧。如前文所述，在那个乱世之中，对待人如此亲切而温和，如同手足，情同兄弟，衣则同裳，饮则同食，让自己的手下忠心耿耿地为自己服务，这种驭人能力是世间少有的。对于此，后人大有想象之能力，遂渲染出桃园结义这段佳话来。然而这虽是小说语言，却也反映了动乱时代的百姓心理，因此后世才大有结义起兵的故事。这件事情后来经过《三国演义》无人能比的扩散效应发酵之后，形成了中国社会拉帮结伙的重要典范和学习典型。待到刘备招兵买马够了，恰逢幽州刺史郭勋的校尉邹靖向郭勋提议往民间招贤纳士，刘备于是率众投往邹靖，从此开始了三人的戎马生涯。

刘备随着邹靖，打了几场胜仗，因此被封为安喜县县尉。官职虽封，然而接下去的路不是那么平坦。而后刘备虽几经波折，陆陆续续追随的几位有名气的下属却也自愿随着刘备颠沛流离，实在是患难见真情，也可见刘备这个人的魅力确实不容小觑。

后人就此将一个刘备拆分成两种性格的人,一种是大善,一种是大伪。其实在很大程度上,刘备跟张角一样,利用了同样的工具——民心,但是他们两个打的牌是不一样的。张角的民心在于信仰,所以他利用宗教来铐牢众人。刘备深沉,他深知民心的意义非同凡响,而他的民心体现为人和,所以刘备利用亲切的态度来凝聚众人。这样看来,刘备的伪善确实是存在的。但是,刘备也绝对不是个完全的伪君子,他还是个性情中人,所以刘备之善也有真善。刘备这人是利用自身本有的善来争取人和,所以刘备是个聪明人,他懂得利用自身的优势来为自己创造机会。

另外,刘备这人有时会优柔寡断,这也是他弱于曹操的一个方面。诚然,曹操无论在成长环境和实力上,比起刘备来说,都上了一个阶层。所以虽然两人同时在平定黄巾之乱中首露锋芒,但接下去的发展往两极分化,表现为刘备时常被曹操追着跑,从而谱写出一段寄人篱下的辛酸史。而这辛酸史最终却成为刘备最为后世所称颂的地方,这种坚韧不屈的精神也证明,刘备确实是拥有着大汉皇族的家族基因,帮助其能够成就后来的振兴汉室的大业。这在当时是任谁也想象不到的。

但是英雄自是英雄,便是曹操,也阻挡不了刘备的光芒。而刘备手下的两名大将关羽和张飞跟随刘备走完一生,其英雄事迹也令人唏嘘。

黄巾起义期间,从黄沙中走出了三个英雄。一个仁义满天下,一个忠义满乾坤,一个威武满后世,历史选择了这三个人来到这个时代,历史也选择了这三个人因缘际会相聚在一起,历史更选择了这三人成就一番经天纬地的大事业。

### 我要废皇帝

董卓是军人出身,他掌控朝廷的第一步,便是将军事搬上了他的政治舞台。

任何一个执政者都需要有自己的靠山来巩固自己的统治，这种靠山可以是虚化的，也可以是实际的。在治世时期，皇帝可以说自己的权力是上天赐予的，所谓受命于天；而乱世时期，这种空洞的说辞再加上封建的礼教已经很难掌握局势了，在这个时候，无论官位再大哪怕是什么"四世三公"的身世，在强大的军事力量面前都没有用。而董卓恰恰是手握兵权的人物，他需要用一个办法让在京城的百官知晓他的实力，从而不敢与这个东汉末年的"窃国大盗"抗衡。

进了京城后，董卓所统属的兵力其实不多，他明白，不掌握强大的军事力量，要想征服百官、威慑朝廷是不可能的。所以董卓想出了一个办法：他每隔四五天，就会派部队偷偷地溜出京都，然后第二天再叫他们浩浩荡荡地开进来。这就给在朝文武造成了千军万马浩荡不绝的错觉，于是整个洛阳遂威慑于董卓的奸计之下。然而，这毕竟不是长久之计，部队在往复表演之时，董卓也趁机在暗中收揽着兵士。

何进、何苗已死，生前所统士兵到最后都给董卓收编了去。另外，当初何进召各方豪杰时，有一个叫丁原的也统兵前来帮忙。董卓看中了他的部队，便有心杀之。当时丁原旁边有一员猛将，名叫吕布，字奉先，臂力过人，武艺高超，号飞将。吕布见信于丁原，董卓于是便用利益引诱吕布杀了丁原。丁原一死，所统部队遂全部归了董卓。而董卓也收了吕布，"甚爱信之，誓为父子"（《三国志·魏书·吕布传》）。吕布之无信，由此渐显。但是这样的记载也仅仅是显示了吕布此人并没有十足的忠诚感，并不能体现后世所称的吕布"三姓家奴"，因为他并没有将丁原认作"义父"，这样的说法完全是罗贯中的艺术加工，从而更好地体现出了吕布见利忘义的性格。

收编了何进、丁原等人的部队后，董卓兵力大增，不需要再像以前那样做表面功夫了，也因此霸道得理直气壮了。当时宦官势力已经被袁绍等人尽皆剪除，所以董卓现在若说有点畏惧的，也就何氏的残余势力了。这势力包括何太后和袁绍等。何进死后，袁绍接管了西园八校尉，曹操等人都属于袁绍之下。西园八校尉在灵帝之时虽然显赫，其后几经波折,已经大不如前了,起码较之董卓的势力,是不能相比的,所以袁绍对董卓还是有所畏惧。当时有一个叫鲍信的人就曾劝说袁绍趁董卓势力未发展之机先杀了他,然而袁绍惧怕董卓,不敢乱来。只是袁绍名望最大,所以董卓的算盘就先打在了他的身上。

董卓偷偷叫来袁绍,和袁绍商议废帝之事。倘若袁绍赞成,废帝之事自然顺利许多,袁绍也和他成了一伙。若是袁绍不赞成,当然也阻挡不了他废帝的进程,而他也刚好找个理由和袁绍撕破脸,趁机消除袁绍的势力。袁绍是绝对不愿意刘协成为皇帝的,当时罢免董太后之时,他和何进就是一伙的,刘协虽小,起码能记挂董太后的抚养之恩。刘协成为皇帝,对他是有害而无利。当时袁绍就找了个借口,他说这是大事,要找他的叔叔袁隗商量一下。袁隗在当时还是三公之一的太傅,但董卓又怎么会惧怕他这个名号?

董卓见袁绍找了个借口婉拒,一不能与其共谋,二不能与其决裂,只好再逼近一步,他说:"刘氏种不足复遗。"意思就是刘邦的子孙没有一个能比得上刘协这个人了。袁绍听了这话,无所回应,横刀长揖而去。出了宫门后,袁绍知道董卓这回是要针对自己了,留在京城中只怕夜长梦多,因此逃往冀州投韩馥去了,而后董卓果然派人捕抓袁绍。

所幸当时有侍中周毖、城门校尉伍琼、议郎何颙等人,这群人都是袁绍年少时结交的死党,这时又见信于董卓,因此他们就在董卓面前替袁绍说话了。他们说:"夫废立大事,非常人所及。绍不达大体,恐惧故出奔,非有他志也。今购之急,势必为变。袁氏树恩四世,门世故吏遍于天下,若收豪杰以聚徒众,英雄因之而起,则山东非公之有也。不如赦之,拜一郡守,则绍喜于免罪,必无患矣。"(《三国志·董二袁刘传》)大意是说袁绍因为害怕废立这等大事因此出逃,别无他意,董卓若逼急了反而不好,毕竟袁绍是名家之后,倒不如赦免他,封个小官。董卓一听,倒也觉得有点道理,因此听从了众名士的建议,拜袁绍为渤海太守,封邟乡侯。

这之后，袁术和曹操也因为不想参与董卓的废帝，纷纷出逃。袁术逃往南阳张咨处，而曹操则逃往陈留张邈处。董卓刚执政时，周毖和伍琼就向董卓提出了一个方案：将京内的官员外派到重要州郡担任长官以加强地方控制。随着这个方案上交的是一份名单，这其中就包括了尚书韩馥、骑都尉张邈、颍川名士张咨等人。随后韩馥去了冀州，张邈去了陈留，而张咨则去了南阳。然后看看袁绍三人出逃的地方，都是这些人所掌管的地界。而三人出逃以后，不久一众地方官就纷纷举起讨董旗帜来，组成了庞大的讨董联盟。有人根据这样一个线索，认为自从董卓刚执政时，袁绍等人就制定出了一个大阴谋来。诚然，这只能是一个猜测，毕竟后来联盟军之间的互相猜忌难以让人相信他们之间曾经有如此坚定的共同目标。

有志之士尽皆出逃，而董卓仍旧做着他的废帝梦。他召集来一批大臣，对他们说："大者天地，次者君臣，所以为治。今皇帝暗弱，不可以奉宗庙，为天下主。欲依伊尹、霍光故事，立陈留王，何如？"（《献帝纪》）当初太甲荒乱，伊尹放之，刘贺无度，霍光废之，皆是罢得有理有据的。现如今，汉少帝刘辩刚即位不久，事情都还没做什么，何谈混乱无度？而董卓是什么人？无贤之人。无贤之人想效仿先贤，有如东施学西施，自然是不会有人去称美的。所以董卓想废少帝，在众臣看来，自然是野蛮任性之事。

天下换主，是不得已而为之的事，只是董卓蛮横，摆明着废帝之事是必然要做的，跟大臣议论不过走走形式，给大家一个面子而已，因此大臣们都不敢回应他。董卓见无人回应，更加大声地说："昔霍光定策，延年按剑。有敢沮大议，皆以军法从之！"（《后汉书·董卓传》）厉声至此，大臣更惧，为求自保只得唯唯诺诺，任由董卓蛮横而行。只是汉室虽败，也有正直之臣，这时就有人站出来反对了。

"案尚书太甲既立不明，伊尹放之桐宫。昌邑王立二十七日，罪过千余，故霍光废之。今上富于春秋，行未有失，非前事之比也。"（《献帝纪》）这话是卢植说的。董卓想不到还有不明局面之人敢出来顶撞他，因此大怒，会议不欢而散。事后，董卓想杀了卢植，幸得侍中蔡邕苦苦相劝，得免。卢植被罢官，逃到上谷，从此隐居不问世事。

董卓废帝之事不会就此罢休，因此他又会合百官，对百官说："太后逼迫永乐太后，令以忧死，逆妇姑之礼，无孝顺之节。天子幼质，软弱不君。昔伊尹放太甲，霍光废昌邑，著在典籍，佥以为善。今太后宜如太甲，皇帝宜如昌邑。陈留王仁孝，宜即尊皇祚。"（《献帝纪》）董卓当初被卢植反问了一口，所以这次将何太后毒死王美人的往事也拿出来作为废帝的依据了。卢植走了，这次没人起来反对董卓了，董卓顺了他的意，废掉了何太后和汉少帝，立陈留王刘协为帝，是为汉献帝，时为公元189年。

## 第二章

### 我们的目标是董卓

#### 曹阿瞒来了

曹操生于汉桓帝永寿元年（155年），沛国谯（今安徽亳州）人。其祖父曹腾是东汉宦官，历经四帝，在宫中服侍三十多年，从未有显著过失，更能推荐贤人。后迎立桓帝有功，拜官至大长秋。当时有一个叫种暠的上书弹劾他，他却不以为意，以种暠为能臣推荐给皇帝，后种暠官至司徒，常言："今身为公，乃曹常侍力焉。"（《后汉书·宦者列传》）

曹腾有个养子叫曹嵩，官至太尉，《匈奴汉国书》里说是贿赂宦官而得，也有说是出钱买的。曹嵩出身不详，陈寿说是"莫能审其生出本末"（《三国志·魏书·武帝纪》），也有人说曹嵩本姓夏侯，是后来跟随曹操的大将夏侯惇的叔父,因此《三国志》里夏侯和诸曹共为一传,也是事出有因,而这样也就不难解释为什么后来曹操的大将夏侯惇、夏侯渊等人对曹操的忠心耿耿。

如果说刘备是依靠其人格魅力真诚待人,而让本来是自己的臣下变成亲兄弟一般的战友的话,那么曹操就是真正的有一支属于自己宗族的将领团体帮助其南征北战。这在那个大乱世,人和人之间极度缺乏信任的情况下是极为必要的。一方面有共同的利益,另一方面又有共同的血缘,这明显比后来附加上去的义气也好、友情也好的关系要来得更加紧密。再到后来夏侯氏家族的人成为曹魏政权建立其强大军事能力的中流砥柱,是其他两国都十分缺乏的一个有利条件。

曹操出身富豪之家,从小便有纨绔子弟的习性。裴松之引《曹瞒传》说曹操"少好飞鹰走狗,游荡无度",因此他的叔父经常告诫曹嵩,让曹嵩好好教导儿子。曹操见他的叔父如此多管闲事,心里便有点不高兴。有一次,曹操在路上遇见了他叔父,曹操立即摆出歪脸斜嘴的模样来,他叔父看见了觉得奇怪,急忙询问曹操发生了什么事。曹操用他歪了一边的嘴巴口齿不清地说:"卒中恶风。"他的叔父听曹操说他自己中风了,吓了一跳,连忙去问曹嵩。曹嵩听了也吓了一跳,连忙去问曹操。结果曹嵩见曹操面目正常,并无中风迹象,就问:"叔父言汝中风,已差乎?"曹操眼睛一转,用抱怨的语气说:"初不中风,但失爱于叔父,故见罔耳。"(《三国志·魏书·武帝纪》)就是说根本就是他叔父不喜欢他,所以说他坏话。曹嵩一听,竟然怀疑起他的弟弟来了,因此以后曹操的叔父再说曹操在外面怎么怎么胡来,曹嵩都不相信了。

曹操自小便会耍点小聪明,可见此人机灵,有心计。只是曹操自幼不务正业,所以当时的人都不觉得这是一个可以做大事的人。然而千里马有,伯乐自然也会有,在舆论可谓一边倒的时候,有两个人站出来为曹操说话了,这两个人便是桥玄和何颙,均为当时名士。何颙说曹操是:"汉家将亡,安天下者必此人也。"(《匈奴汉国书》)

而桥玄见曹操，也觉得他日后必有大为，于是这样对曹操说："天下将乱，非命世之才不能济也，能安之者，其在君乎。"（《三国志·魏书·武帝纪》）非但如此，他还说："吾老矣！原以妻子为讬。"可见桥玄对曹操的看重程度非同一般。

桥玄还让曹操去结识许子将，许子将就是那个让袁绍敬畏到遣散众人的许邵。曹操于是去拜访许邵，遂和许邵结为朋友。结交了权威人士许邵后，曹操"由是知名"（刘义庆《世说新语》）。而许邵后来对曹操的一句点评，也就此成了对于曹操的经典评价。这就是——"治世之能臣，乱世之奸雄"（孙盛《异同杂语》）。

曹操名声既出，到了二十岁时举为孝廉，被任命为洛阳北都尉。洛阳是都城，皇亲贵族、权势之人聚集之处，要为官公正势必会招惹权势。可是曹操毫无畏惧，一上任就申明禁令、严肃法纪。他打造了二十多根五色大棒，于衙门左右各悬立十余根，明令：有犯禁者，皆棒杀之。当时蹇硕得灵帝宠信，正值显赫之时，他的叔父蹇图违禁夜行，曹操不怕蹇硕在朝的威势，将蹇图抓起，用五色棒活活打死。这事一出，顿时"京师敛迹，莫敢犯者"（《曹瞒传》），然而也因此引来了众多权贵的忌恨。曹操若出身低微，此时乃怕权贵围攻，无所遁迹。然而曹操的父亲曹嵩是宫中大臣，碍于曹嵩，曹操明升实降，被调离洛阳，到顿丘（今河南清丰）任顿丘令。后来因其妹夫被诛，牵连曹操被免官。接着又因为曹操有学识，复拜为议郎。

后来黄巾起义爆发，曹操破黄巾有功，封为济南相。济南地区也是大小官吏权钱交结，贪赃枉法之官四处泛滥。曹操任相时，治事一如洛阳北都尉，严政对之，刚一上任便大力整饬，一下便奏免大量贪官污吏，一时济南震动，"奸宄逃窜，郡界肃然"（《三国志·魏书·武帝纪》）。于此可见曹操和刘备的差别，一人以仁，一人以严，犹如儒与法两家的对立。而后来证明，仁严并施，才是王者之道。

曹操任官期间，见朝廷不明，危害士人，多次进谏却又不被灵帝采纳，因此对朝廷有所寒心，不再进言。后更称病不当官，告归乡里；"春夏习读书传,秋冬弋猎,以自娱乐"。由此可见曹操也曾有心于汉室,只是汉室不争,令臣子失望。

曹操此时虽在家静养,朝廷上下却也还惦记着他的威望。当时有冀州刺史王芬,因皇室混乱,遂和南阳名士许攸等阴谋废掉汉灵帝,换立灵帝的弟弟合肥侯。他们想多拉些人来入伙,就找上了曹操。可是曹操的政治算盘打得精,不是这些人所能比的。他认为废帝之事非同小可,当年伊尹、霍光能成功换帝,因为有人望、有权势。曹操还列举了西汉吴王发起的七国之乱来作为对比,他认为王芬等人不过地方小官,比起当年的七国,根本不是一个等级,而合肥侯也根本无法和当年的吴王、楚王对比。因此看来,七国之乱尚且失败,何况王芬等人?曹操因此拒绝了他们,后来王芬果然事败自杀。

曹操在家一段时日后,中平五年(188年),汉灵帝设立西园八校尉,曹操就任典军校尉。后董卓进京,大乱京城,想要拉拢曹操,曹操认为董卓无道必败,不愿与之共事,因此改名易姓,逃出京城。后世民间演绎出曹操献刀的故事来,表明了百姓对于暴政的憎恶,也寄予了找回明政的希望。

曹操确是个不拘礼节之人,所以他后来的招贤标准是"唯才是用"。或许他认为多余的礼节有时候会成为一种禁锢,如果万事定要顺着一个标准而行,世界难免陷入形式主义的泥沼。这样的人是活在现实之中的,没有太多的原则束缚。可是他不给自己束缚,社会也会给他束缚,所以曹操这人在一种意识形态非常顽固的社会里,是不会有什么好名声的。

曹操生于儒家为大的封建社会里是不幸的,可是不幸中的大幸,是曹操生于乱世,乱世时礼崩乐坏,环境符合于曹操,曹操才能有大展身手的舞台。所以无论是何颙或者桥玄,他们在评价曹操时并不是说这人多有礼节,而是说曹操必是"安乱世"的人,可见他们看中的是曹操的"才",而不是曹操的"德"。再看许邵的那句话,为什么会说《许邵传》里的更为正确?既然曹操是不拘礼节之人,清平之时礼数繁复，曹操自然难于为世人所容。而曹操虽然没有传统意义上的德，却是有才之人，有才之人在乱世必有用武之地，所以许邵说："君清平之奸贼，乱世之英雄。"

无论我们对曹操的评价是什么，此时他仍旧是一个初出茅庐的年轻人，仍旧是一个敢于向霸权挑战的反抗者，他需要找到自己的伙伴，实现自己终结乱世的抱负，把这个魔王董卓彻底送进历史的坟墓中去，而董卓的掘墓人正是这个奔逃出京城的年轻人，大汉的基业在未来将与这个人息息相关。

## 该死的终于死了

董卓霸京师时，手握强大的军事力量，身旁又党羽成簇，加之董卓本人凶残毒辣、武力过人，如果贸然出手，势必以卵击石，自取败亡，如伍孚等人。因此，诛杀董卓一事必须准备周全，而在准备之时，得到董卓的信任不失为一个好办法。王允就如同当年勾践一样，隐忍了一年之多，最终顺利诛杀了董卓，为汉室除了一大祸患。

王允，字子师，太原祁（今山西祁县）人。王允出身官宦世家，是当时的名门望族之后。王允此人资质聪颖，深受长辈们的赏识，被东汉著名学者郭泰夸他说是"王生一日千里，王佐才也"（《后汉书·王允传》）。名门之后，教养自然非凡，在家族的熏陶下，王允自小便意气非凡，立志长大后定要为国立功，因此自小便注重培养自己的能力。他饱读诗书、泛阅经传，非但习文，还坚持练武强身，因此王允也是个精通文韬武略的全才。

王允有能力，有名声，十九岁便开始担任郡吏。担任郡吏时，王允曾捕杀了桓帝宠爱的宦官的手下，正气之名由是而显，于此赢得了众多官吏和百姓的赞赏，所以不久便被朝廷三公同时征召，遂从地方官员到了中央朝廷，这无疑为王允为国立功的政治抱负提供了更为广阔的政治舞台。

后来黄巾起义开始，王允被拜为豫州刺史，率领重兵征讨豫州一带的黄巾军。王允首次领兵打仗，便充分展示了他的军事才能，大破黄巾军，降者以十万为数。当时王允就在降兵身上搜索到了一张书信，这书信是宦官张让的宾客所写，因此王允便怀疑张让串通黄巾。张让是当时的大宦官，谁人敢没事惹他？但王允不怕，他直接上书汉灵帝，陈述张让的罪状。灵帝大惊，立即召张让进宫，愤怒地指责他。然而灵帝终究是昏君，在张让苦苦叩首道歉后，竟然就放过他了。张让因此事和王允结了怨，因此时刻寻思着报复，后来被他顺利找到了机会，上书诽谤王允，结果王允被捕入狱。

王允入狱之前，当时有一个叫作杨赐的司徒，深知张让是有意想置王允于死地，因此他派人劝说王允对张让退让一步，王允的下属也都这样劝说王允，然而均被王允毅然拒绝。王允有一个下属见王允不听，非常气愤，因此他找来一杯毒药，将毒药举到王允面前，告诉王允与其在狱中受苦而死，不如现在自行了结。王允见状，大声斥责他说："吾为人臣，获罪于君，当伏大辟以谢天下，岂有乳药求死乎！"（《后汉书·王允传》）说完将酒杯奋力摔在地上，自己走进了囚车。后来何进、袁隗和杨赐联名向皇帝上书，替王允求情，灵帝才赦免王允。王允见张让等宦官凭借权势横行霸道、为所欲为，对其深恶痛绝，然而自己又无力除之，无奈何只好离开洛阳，辗转于河内、陈留之间。

后灵帝驾崩时，何进召见王允，向其表明诛杀张让等宦官的心志，王允自然支持何进，因此又进入朝廷当官，最后官至三公的司徒之位。

从王允的事迹来看，王允是个刚正之人，如曹操一样不惧权贵，是为栋梁之材。董卓为乱朝廷时，王允是看在心里的。可是王允不像当初对张让时一味蛮横而行，他懂得董卓势大，自己必须有十足的把握才可出手，因此王允在表面上对董卓听任顺从。而董卓是个惜才之人，他见王允不但具有才识，对自己又表示支持，因此便把王允当成亲信，"朝政大小，悉委之于允"。

王允表面敷衍董卓，暗地里却偷偷地动起了手脚。他找来了时任司隶校尉的黄琬和尚书郑公业等人共同商议灭董计策。王允明白武装力量是不可或缺的因素，他们推荐保举校尉杨瓒行使左将军的权力，又举荐了执金吾士孙瑞担任南阳太守，企图在外面掌握一定的势力。然后王允又向皇帝上书，令皇帝命令士孙瑞出兵讨伐袁术，其实王允是打算借讨伐袁术为名，令士孙瑞伏击董卓。然而士孙瑞的行动引起了董卓的怀疑，王允见状，立即擢升士孙瑞为仆射，将其唤回了都城。

时间流逝，董卓继续为乱朝廷，王允等人的计划却一再失败。直到汉献帝初平三年（192年）的春天，当时百姓的生活已经被董卓扰乱得难以为继，又值此时连降两个多月的雨，民间因此遭受严重的水灾侵害。人祸天灾相继而来，民怨四起，士孙瑞认为这是一个很好的时机，因此他跟王允等人说："自岁末以来，太阳不照，霖雨积时，月犯执法，彗孛仍见，昼阴夜阳，雾气交侵，此期应促尽，内发者胜。几不可后，公其图之！"（《后汉书·王允传》）

王允也赞同士孙瑞的意见，认为必须把握天机尽早行动。

然而天机不过妄谈，董卓势力相较以前是有增而无减，若只因老天下两个月的雨便想成功诛杀董卓，那是不切实际的想法。其实，王允得到的时机并非源于天时，而是人和，而这人和的时机，又是吕布送与王允的。

董卓之前收了吕布后，见其英勇非凡，又知道自己凶残，引来不少人的怨恨，因此时常让吕布跟在自己身边来保护自己。有一次，吕布不知道做了什么事令董卓感到不满意，董卓于是直接拿起手边的长戟往吕布射去，幸而吕布手脚灵敏，因此逃过一劫。后吕布向董卓道歉，董卓也因此原谅了他，然而吕布心中已因为此事而留下了对于董卓的厌恶。后来董卓让吕布防卫自己的内室，吕布却和董卓的侍婢有染，因此非常害怕事情被董卓发现，心中十分不安。

吕布向来和王允有交情，此时深感无助，便去向王允述说董卓的恶状，说董卓一直想杀了自己。王允一听，立即明白诛董之事有了苗头。他心想，若找得吕布作为同党，不说其武力高强，就是凭借内应的身份，都可令诛杀董卓的事情顺利许多。于是王允便小心地对吕布说了自己和士孙瑞等人的计谋，并表示希望吕布可以加入。吕布当时对董卓是又怕又恶，自然也有除掉他的念头，然而他一开始仍是有点犹豫，他对王允说："奈如父子何！"王允这时就笑了，他回吕布："君自姓吕，本非骨肉。今忧死不暇，何谓父子？"吕布见王允这样说了，也不再顾忌什么，遂答应了王允。

汉献帝初平三年（192年），献帝生的一场病痊愈了，因此于未央宫里大摆宴席。董卓穿好朝服，上了马车，准备进宫去时，却因马受惊而从马车上摔到了地上的泥巴里。董卓回到房里换衣服的时候，他有一个侍妾认为这是不祥的预兆，让他不要进宫，董卓不从，令吕布捍卫，往未央宫而去。

在董卓进宫的路上，未央宫这边早已安排妥当。王允令李肃带领吕布的十多名心腹，个个穿上宫廷侍卫的服装，潜伏在宫殿侧门两边，等待董卓的到来。此时，董卓的马车接近了未央宫，马却无缘无故受惊而不敢往前走去，董卓觉得这事有蹊跷，遂有回家的念头。只是吕布在旁一直劝说，董卓才继续前进。等到董卓一踏进未央宫门时，李肃立即将手中的长戟往董卓刺去，可惜董卓身披坚甲，长戟难以刺入。只是这突如其来的一戟也令董卓有点慌乱，因此他立刻环顾左右，大喊："吕布何在？"吕布随声应他："有诏讨贼臣。"（《后汉书·董卓传》）董卓一听，大骂吕布是狗。吕布愤怒不已，拿起长矛往董卓身上用力刺去，董卓遂死。

董卓死了，然而汉朝的威严并没有就此恢复。更确切地说是可能根本没有办法再恢复了。董卓的死跟何进和蹇硕的死不一样，瘦死的骆驼比马大，董卓虽然死了，可其手下的众多虎狼之将实际上都不在吕布之下，汉廷未来的命运也就可想而知。不说京城后来再次胁迫于董卓部属李傕等人，就是目下，地方之间的争霸便早已轰轰烈烈地展开了。

# 第三章

## 烽烟四起：天下一片乱糟糟

### 我要我的地盘

袁绍和公孙瓒两人都对北方四州有所贪图，而彼此又都是对方实现目标的最大障碍，因此，他们两人之间的战争已经不可避免。恰于此时，公孙瓒有理由进攻袁绍了。

当初袁绍和袁术因在对待刘虞一事上立场不一，两兄弟遂结下私怨。袁绍因此乘着孙坚进攻洛阳而未回驻地时，派出周喁袭击孙坚的领地阳人城。孙坚无奈，只得放弃继续西进讨伐董卓，领兵东归，大败周喁。袁术当时和孙坚同一战线，而周喁有个哥哥周昕素来厌恶袁术淫虐，因此袁术派出吴景攻打周昕。

袁术和周昕一打起来，周昕的两个弟弟周昂和周喁便领兵相助，恰逢公孙瓒刚派堂弟公孙越到袁术处结好，袁术因此请来公孙越帮忙攻打周昂。不幸的是，公孙越于战争中被流矢射中而死。公孙瓒得知后，非常生气，认为公孙越之所以会死，都是因为袁绍当初派出周氏兄弟攻打孙坚的结果。公孙瓒不怪直接伤害者周昂，而扯了几层关系去怪袁绍，可见其与袁绍之间的仇怨。

既然公孙瓒已经有了理由，大战也就可以开始了，因此公孙瓒出兵驻扎在磐河（今河北境内），以为弟报仇为名义准备出兵袁绍。时为汉献帝初平二年（191年）冬。

袁绍当时的实力弱于公孙瓒，因此对于公孙瓒的备战有所畏惧。

袁绍遂将渤海太守的印章交给了公孙瓒的堂弟公孙范，派他到南皮结好公孙瓒。公孙范显然更倾向于自己的亲戚一边，因此他背叛了袁绍，以渤海的兵力协助公孙瓒。公孙瓒继而大破青州、徐州的黄巾余党，死者数万，血流成河，公孙瓒因此实力大增，名望威震河北，冀州诸城官员多望风归降。公孙瓒接着罗列了袁绍的十大罪状，向其逼近，进驻界桥（今河北威县境内）。

袁绍见公孙瓒攻势凌厉，知道求和已经无法阻挡公孙瓒进攻的决心，只好亲自领兵迎战公孙，屯军于广川县（今河北枣强东北），与公孙瓒对峙于界桥南二十里处。时汉献帝初平三年（192年）春。

两军对战，各列一方。公孙瓒以三万步兵排列成方阵，两翼分别配备骑兵五千多，中心为主力"白马义从"。"白马义从"原是公孙瓒所亲自带领的精锐骑兵，因个个跟随公孙瓒骑着白马，故而得名。另一边，袁绍以麴义带领八百步兵和数千弩兵为先锋，迎战公孙瓒，自己则以兵数万在后静待。

麴义身经百战，屡建战功，是战场上的一流将军。然而公孙瓒轻视麴义带兵之少，直接命令骑兵进攻。麴义见骑兵扬尘而来，命令手下兵士伏在盾牌之下静待不动，待骑兵冲锋到了距离几十步远，再命令士兵同时举起盾牌，扬尘大叫，往前冲击。公孙瓒的先锋骑兵被麴义的弩兵射倒无数，麴义又临阵斩将，遂大败敌军，斩首千余。

公孙瓒首战失利，带兵而逃。麴义乘胜追击，赶到了界桥，大破公孙瓒。麴义兵不止步地直攻公孙瓒的营寨，营里士兵尽皆逃亡。麴义一路得胜，连破敌军，消息传到袁绍那里。袁绍此时还未追赶到桥头，听说麴义得胜，便放松戒备，令大军先行，自己只留数十强弩和百余枪兵跟随身边。在袁绍稍事休息之时，不料公孙瓒部下逃散的两千余骑兵突然出现，重重包围了袁绍，外围弓箭直下，袁绍有性命之忧。

袁绍的别驾田丰见势危急，拉着袁绍，要他退入一堵矮墙里。袁绍毅然拒绝，将头盔猛地扔在地上，终于说出了一句符合自己身份的伟大名言："大丈夫当前斗死，而入墙间，岂可得活乎？"（《英雄记》）

袁绍亲自指挥弩兵应战，弩兵见袁绍不惧死，遂士气大增，射杀了不少敌骑。敌骑应不知道袁绍也在其中，因此渐渐散去。后麴义领兵来救，袁绍得以解围。

界桥之战中，袁绍军以少胜多，表现不凡，尤其是麴义，创造了以步兵和弩兵战胜骑兵的经典战例。这一战虽没有重创公孙瓒，却也因此成功遏制了公孙瓒的南侵，大大挫败了其进攻冀州的锐气，从此改变了公孙强而袁氏弱的军事格局，打破了袁绍在冀州的被动局面，开始形成了两军均势的局面，为后来袁绍称雄河北奠定了一个很好的基础。

公孙瓒在界桥之战后有所不甘，因此不久后便派兵与袁绍再战于龙凑，终被袁绍所败，只得退回幽州，在蓟县东南另筑小城驻守。袁绍破了公孙瓒后，从邺城南下薄落津，大摆宴席庆贺兵胜。这时，魏郡发生了兵变，造反的兵士和黑山余军联合，占领了邺城。袁绍立即大举进剿起义军，他先围攻黑山军，杀害其首领于毒，然后又凶狠地镇压了多支起义军。

袁绍败公孙，平叛乱后，便开始夺取北方四州的计划，他以他的长子袁谭为青州刺史，进攻公孙瓒所任刺史田楷。田楷多次败于袁谭，令袁氏势力顺利进入青州。不久，汉廷派使臣赵岐来到关东，为袁氏与公孙两家讲和，于是两军遂暂时罢兵休战。时汉献帝初平四年（193年）春。

公孙瓒和袁绍近两年的连续争斗扭转了两军实力，公孙瓒由开始的主动转入被动状态，再无力进攻袁绍，只得安分地驻守幽州蓟县。

当时幽州刺史由刘虞担任。之前，刘虞与公孙瓒一起受命平定北方的叛乱。刘虞主怀柔政策，北方民族遂多降他。而公孙瓒对当地百姓却多行劫掠之事，两人政见有所不合，所以之间素有矛盾。后来献帝被董卓迁往长安时，因怀念洛阳，因此偷偷派刘虞在长安的儿子刘和逃到刘虞处，让刘虞率兵前来相迎。刘和途经袁术驻地，袁术得知其事遂将其扣留，然后让刘和写信给刘虞，说让刘虞率兵来为袁术后援，一起进入长安。

公孙瓒认为袁术必定有所阴谋而制止刘虞前往，然而刘虞念子心切，不听公孙瓒之言。公孙瓒担心袁术知道他对刘虞有所劝说后会记恨他，因此派公孙越率兵到袁术处结好，又暗地让袁术扣留刘和并夺其兵马。因此，公孙瓒和刘虞的矛盾越来越深。

直至公孙瓒逃回蓟县时，自视威望不输刘虞，因此不服从刘虞的管理，常常违抗命令。刘虞因此多次上书朝廷，告发公孙瓒掠夺百姓的罪行，公孙瓒也上表朝廷说刘虞办事不力，两人成见遂日渐加深，到最后也就只有兵戎相见了。只是刘虞常有仁义之心，万事以和为贵，因此手下士兵多不善战，又顾忌着百姓，故久攻公孙瓒的城池不下。

公孙瓒后招募精兵数百，顺着风势放火，趁势杀入刘虞兵营，刘虞遂大败，逃往北方居庸县。公孙瓒追击，不到三天便攻破了居庸城，活捉刘虞及其家人，诬蔑刘虞先前与袁绍阴谋称帝而欲将其斩首示众。公孙瓒押刘虞来到刑场，然后说："若虞应为天子者，天当风雨以相救。"（《后汉书·刘虞传》）可是当时干旱已久，怎么可能说下雨就下雨？刘虞因此被杀。时汉献帝初平四年（193年）冬。公孙瓒杀了刘虞后，遂得到了整个幽州，从此坐拥幽州与袁绍对峙。然而公孙瓒日益骄矜，不恤民情，睚眦必报，加之刘虞之前在北方素得百姓敬仰，所以公孙瓒无法得幽州民心，最后兵败也是必然。

自此，袁绍占据了北部中国的大半壁江山。

## 西方在群殴

东边天下被袁氏两兄弟领群雄闹得乱哄哄的，西边独坐一方的长安，王允成功诛杀了董卓，却也终究不逃居功自傲的常戏，后又在处理董卓部将的问题上有所失当，导致长安重新落入了贼寇之手。

董卓被杀后，王允因功录尚书事，总理朝政。因成功诛杀了董卓，王允得到了朝廷大臣的称赞和百姓的敬仰。或许人一老便容易自傲，此时的王允飘飘然了，认为董卓这样的大祸害都让他给杀了，还能有什么问题他解决不了！因此每次朝廷会议时，王允都摆起一副严肃的面孔，缺少温和的脸色，自视功高，不听从别人的意见。王允骄傲至此，宫中大臣遂不像以前那样推崇和拥护他了。

当时曾是董卓部下的蔡邕，听到了董卓被杀的消息，感到很突然，不由自主地发出了一声叹息。在他旁边的王允一听到，顿时勃然大怒，斥责蔡邕说："董卓国之大贼，几倾汉室。君为王臣，所宜同忿，而怀其私遇，以忘大节！今天诛有罪，而反相伤痛，岂不共为逆哉？"（《后汉书·蔡邕传》）随即将蔡邕收下治罪，准备斩首。

蔡邕自己上书，乞求将死刑降为黥首刖足，即刻额染墨，截断双脚，这样可以续写《汉史》。蔡邕是当时名士，士大夫也因此大多向王允说情，时任太尉的马日䃅在听到消息后，立即驰车前往王允处，请求他让蔡邕接着写《汉史》。然而王允听不下去，竟然说："昔武帝不杀司马迁，使作谤书，流于后世。方今国祚中衰，神器不固，不可令佞臣执笔在幼主左右。既无益圣德，复使吾党蒙其讪议。"（《后汉书·蔡邕传》）

王允一人独霸，对自己作出的决定不容许别人辩驳，竟然说出这种理由，难怪马日䃅退出后要说："王公其不长世乎？善人，国之纪也；制作，国之典也。灭纪废典，其能久乎！"（《后汉书·蔡邕传》）等到蔡邕被处死后，王允才追悔莫及。当时位于北海的大学者郑玄听说蔡邕被杀，深深地感叹道："汉世之事，谁与正之！"（《三国志·蔡邕传》）

王允的居功自傲是导致其后来失败的原因之一，然而最主要的原因还是对董卓部将的处理不当。

董卓既死，然而董卓的旧部牛辅、李傕、郭汜、张济等人还在西凉处握有重兵，因此如何妥善解决这些旧部是一个较为重要的问题。当时有人建议王允赦免他们，王允一开始也有这样的想法。然而过了不久，王允又改变了主意，他认为现在如果特意赦免他们，说不定反而会令他们恐惧猜疑，因此不是个好策略。所以王允又打算削夺这些将领的兵权，取缔他们，并且利用关东联军来控制他们。有人听了王允的想法后，劝谏他说："凉州人素惮袁氏而畏关东。今若一旦解兵，则必人人自危。可以皇甫义真（皇甫嵩）为将军，就领其众，因使留陕以安抚之，而徐与关东通谋，以观其变。"（《后汉书·王允传》）但是王允认为采取这个计策，虽然西凉可安定，却可能引来关东联军的疑心，所以拒绝了。这实际上等于王允自己关闭了"和谈的大门"。

事实上，董卓死后，旗下的部下大多是董卓自关外所带来的兵士和将领，对于他们来说，恐怕最重要的不是究竟谁掌握着对他们的指挥权，而是他们自己的生活能够得到什么样的保障。毕竟这些士兵大多数也是穷苦人家的孩子，当兵只不过是为了混口饭吃。那些将领也不过是董卓的旧部，董卓的残暴无道他们也看在眼里，董卓在的时候他们只能成为帮凶，董卓现在不在了，他们完全可以选择自己未来的走向而不致明目张胆地反抗朝廷。不过这一切都需要一个前提，即对于他们这些将领人身安全的保证。

当时王允如果不这么犹犹豫豫，如果能够采取一些安抚军心的措施，不但他所关心的关东联军不会对他起疑，就算是这些原来董卓的部曲也不会对他有任何疑问。因为当时王允的话就代表了朝廷，代表了皇帝。只要他一句赦免，让这些将领和士兵与董卓所犯下的罪行划清界限，一笔勾销，恐怕事情的进展就不会恶化。只不过，王允并没有这种能力与胆识，命中注定大汉将要遭受到一场新的劫难。

虽然王允还在犹豫之中，然而取缔凉州兵的风声已经在百姓间传播了，一时之间，凉州百姓人心惶惶，董卓的旧部们个个成了惊弓之鸟。加上当时统领牛辅被手下暗杀，李傕等人无所依，因此作出了解散军队、逃回乡里的决定。可是董卓手下有一个官吏叫作贾诩的，他这时站出来阻止他们了。

贾诩对李傕等人说："闻长安中议欲尽诛凉州人，而诸君弃众单行，即一亭长能束君矣。不如率众而西，所在收兵，以攻长安，为董公报仇，幸而事济，奉国家以征天下，若不济，走未后也。"（《三国志·贾诩传》）贾诩的计策无非为求自保，当时董卓人人憎恨，曾跟随董卓之人又有几个能受人尊崇的？所以李傕等人若解散士兵，自己的性命将危在旦夕。李傕等人都认为贾诩说得很有道理，因此，遂集合凉州兵士进攻长安，一路攻城杀将，到了长安时已聚集十万余士兵。

李傕等到了长安后，又遇董卓的旧部樊稠等人，遂一起攻城。朝廷不堪一击，李傕等只用了十天便将长安城攻陷。吕布迎战，大败，急忙逃奔，逃到了青琐门下，招呼王允一同逃走。然而王允正色拒绝道："若蒙社稷之灵，上安国家，吾之愿也。如其不获，则奉身以死之。朝廷幼少，恃我而已，临难苟免，吾不忍也。怒力谢关东诸公，勤以国家为念。"（《后汉书·王允传》）吕布遂逃，王允带着汉献帝躲到了宣平城门上。

李傕、郭汜等兵进长安，滥杀无辜，纵兵劫掠，"吏民死者不可胜数"。他们追到了宣平城门，李傕等见皇帝在上，跪拜叩头。献帝质问李傕等人说："卿无作威福，而乃放兵纵横，欲何为乎？"李傕回献帝说："董卓忠于陛下，而无故为吕布所杀。臣等为卓报仇，弗敢为逆也。请事竟，诣廷尉受罪。"（张璠《汉纪》）王允看到事情到了这一步，已经逃不过，只好出见李傕，后李傕诛杀王允及其家人宗族十余人，城中百姓得知王允已死，莫不流涕。时为汉献帝初平三年（192年）。

王允一生力图复兴汉室的努力终究失败了，这也是历史趋势，非王允所能阻挡。然而王允的努力对于当时董卓的暴政仍是有缓和作用的，所以王允功不可没。

王允死后，李傕、郭汜和樊稠三人步董卓之后，再次把持朝政，逼迫皇帝对他们封官加爵，又诛杀忠良，搞得京城腥风血雨，朝野大乱。汉朝现在如此，皆因昔日贾诩一句话。贾诩虽是个聪明之人，然在乱世之中为求自保，遂将京城推入另一场风雨之中，所以裴松之说贾诩的罪过——"一何大哉！"

当时长安再遇战乱，而关东军之间彼此征伐，根本无暇顾及汉廷风雨。此时能和李傕叫板的，也必是同为关西势力，拥兵自重的马腾和韩遂了。

汉灵帝中平元年（184年），西方的羌、胡等叛乱，其主北宫伯玉和李文侯劫持了边章和韩遂，拥立他们为主帅，割据一方。边章和韩遂多次击败朝廷派来征讨的官员，后韩遂于中平四年（187年）杀死了边章、北宫伯玉和李文侯，吞并了他们的部队，攻占了陇西郡。时凉州刺史耿鄙率凉州六郡之兵征讨韩遂，然而耿鄙素来不得吏民之心，后终究被手下杀死。当时耿鄙有一位军司马叫作马腾，是当年东汉著名的开国将领马援的后代，他见耿鄙已死，于是和韩遂联合，占据了整个三辅地区（今陕西中部）。

后董卓进了长安，自然要拉拢西凉这边的大势力，因此他于初平三年（192年）初召来了马腾和韩遂。待马腾、韩遂到达长安时，董卓已死，李傕等人专权。李傕见马腾他们前来，于是拜韩遂为镇西将军，令其返回金城，拜马腾为征西将军，令其屯驻于郿城。

后马腾有私事求于李傕，却没有得到李傕的应允。马腾一怒之下，遂率兵相攻，献帝派出使者劝解也无济于事。后韩遂从金城率兵前来，本为劝解，却反而与马腾联合，一起进攻李傕。当时朝中大臣种邵、马宇、刘范早有心诛杀李傕等人，因此秘密与马腾联系，愿作为内应帮助马腾，后来事败，种邵等人遂逃至槐里。李傕令樊稠、郭汜和侄子李利出兵对抗马腾，马腾和韩遂抵挡不住，败回西凉。韩遂因此求见樊稠，因两人是同乡，所以谈笑聊天，关系甚密。后樊稠部队带兵直攻到槐里杀了种邵等人。回到长安后，李利将樊稠见韩遂一事告诉了李傕，李傕和樊稠之间由是开始互相猜疑。后朝廷赦免了马腾、韩遂，并拜官，时为汉献帝初平五年（194年）。

东边乱，西边也乱，整个汉室已没有平静的地方。而此时曹操领了兖州牧，吕布逃出长安进入了中原大地，孙坚的长子孙策继父之志，因此，原本由二袁领群雄争霸的局势也随之发生了改变。

## 第四章

## 武力乱象：我们都爱兼并

### 孙策据江东

汉献帝建安四年（199年）冬，江南江北雪漫漫，袁术在贫困潦倒中抑郁而终。袁术的部下长史杨弘、大将军陆勉与孙策交好，又见孙策风华正茂，意气风发，是个成大事的少年英雄，便率领士卒前去投奔。不料，庐江太守刘勋早就盯上了袁术这块肥肉，将他们二人截获，士卒全体被俘获，刘勋将兵马全部据为己有。

曹操虎视眈眈，袁术亲属浩浩荡荡，在寿春哪里敢待下去，便抬着袁术的棺木，野鬼游魂一般处处打游击。眼见刘勋收编了袁术部属，便去投奔他了。刘勋全盘接收，当然，他看中的不是袁术家属，乃是袁术基业。

这袁术晚年贫困潦倒，士卒兵马无粮可供，自己尤忍受饥饿，实在是支撑不下去，混到要去投奔袁绍的地步了，他能有什么基业。按理说本该如此，事实却大出世人意料。刘勋带领人马，直奔寿春，左搜右刮，竟然找出了一批金银珠宝，其数量之可观，让刘勋这个嗜财如命的太守叹为观止。这袁术真是舍命不舍财，就连刘勋也不禁感叹，自己真是小巫见大巫，这袁术跟自己相比真是有过之而无不及，难不成是怕自己到了黄泉路上无法逍遥快活？刘勋摇头傻笑，这些无关紧要，只要金银珠宝进了自己的口袋，这个最重要。这样想着，刘勋美不胜收，却不料，一场灾难正慢慢向他袭来。

孙策早就眼巴巴等着袁术一命呜呼，好渔翁得利，却不料这刘勋近水楼台先得月，白白捡了个便宜，还把投奔而来的杨弘、陆勉截获，眼看煮熟的鸭子飞了，孙策能不气吗？孙策跟刘勋的仇怨算是结下了。不过尽管咽不下这口窝囊气，孙策却也不敢轻举妄动，毕竟刘勋实力大增，不是孙策所及的。孙策找周瑜商量，如何能惩治一下这个刘勋，最后，他们定出一个声东击西的计谋。这一招让刘勋血本无归。

刘勋此人志大才疏，嗜财如命，是个见钱眼开的人物。孙策抓住他这样一个弱点，开始了不间断地糖衣炮弹的轰炸。孙策先是派人带着大批奇珍异宝与自己的亲笔书信去拜见刘勋。使者一番甜言蜜语，归结起来不过是，上缭富可敌国，刘繇余部万人可收编。先将好处亮出，吊起刘勋胃口，接着提出自己要求。上缭曾多次派兵骚扰江东，请求刘勋派兵征讨。若能如此，孙策便会倾全力相助。

刘勋早就听说上缭殷实富裕，想据为己有之心昭然若揭，以前苦于实力不足，未能征服，现下实力大增，当然愿意出兵。刘勋当即表示愿意出兵，听完使者回报，孙策暗中一笑，事情正朝着他计划的方向进展着，成功指日可待。

刘勋利欲熏心，帐中却有人保持着头脑清醒，他的手下刘晔进言道，上缭地方虽小，防御工作却做得相当完备，易守难攻，非一日两日就能够攻下的，大军一走，庐江空虚，怕是有心之徒趁机而入，还须三思。利益在前，刘勋哪里听得进去谏言，一向刚愎自用的他仍然坚持己见，如期出兵。刘勋此次带着志在必得的决心，举全郡之精兵而攻之，城中只剩下老弱残兵，根本无抵挡之力。孙策以小股兵力助之，仅仅是做个样子罢了。刘晔大呼，庐江命不久矣。刘勋前脚刚走，孙策便整装待发，正当刘勋酣战之时，孙策一声令下，千余轻骑如弦上之箭，向庐江飞奔而去。孙策满载而归，刘勋余部均归附，城中金银珠宝、粮草贮存、妻妾美人均被俘获。孙策不损一兵一卒，占领庐江，任命李术为庐江太守，分兵三千，把守此地。

刘勋入上缭，却发现上缭已经成为一座空城，一无所获，正愤怒之时，听闻庐江已被孙策所占，刘勋气急败坏，夜里行军，马不停蹄地往回赶。刘勋所率军队人疲马倦,士气下降,战斗力明显减弱。孙策哪里给他缓冲的机会,立即派出将领孙贲、孙辅二人率军拦截,给刘勋以致命一击。刘勋被打了个措手不及,狼狈而逃,投奔曹操去了。孙策收编了刘勋残兵,入流沂。黄祖见孙策意气风发,霸气十足,心痒难耐,许是羡慕嫉妒恨作怪,便率领水军进攻孙策。

仇人见面分外眼红,黄祖部下射杀孙坚,黄祖与孙家结下了不共戴天之仇。孙策见黄祖,恨不得"食汝肉,寝汝皮",心中仇恨的种子被灌溉了,一发而不可收,誓要手刃仇敌。有如此动力,孙策作战威猛无比,黄祖节节败退,刘表派五千精兵前来支援。

孙策手下将领齐上阵,周瑜、吕蒙、黄盖个个是带兵的好手,分兵多路,齐头并进,将黄祖团团围住,其惊心动魄之场面,无以用语言来形容。黄祖已无反击之力,险些全军覆没。孙策大获全胜,缴获的物资不胜枚举。不过让孙策倍感遗憾的是,黄祖侥幸逃脱。随后,孙策入豫章,豫章太守乃是名声大盛的华歆,孙策亲见华歆,力陈利害,华歆倒是识时务,无条件归附。至此,孙策已经将江东纳入自己旗下,如此气魄,让人佩服,曾有人评价孙策"有吕布之所长,而无其所短,谋略与仁义集于一身"。

孙策平定江东,引起了曹操的充分重视。此时的孙策仅仅是还未奔三的毛头小伙子,曹操长叹一口气,不无感慨地说,"猘儿难与争锋也!"

曹操对孙氏父子历来采取宽松的政策,甚至有时候还可称为纵容。当然,在这里面曹操是有利益可图的。刘表一直是曹操的一块心病,以孙氏父子来牵制刘表是曹操的一个策略,所以曹操远观孙策,任其坐大,却无采取行动进行干预。只是,曹操的策略不久就因孙策的英年早逝而告失败了。

## 国丈的秘密

少年天子汉献帝,年方二十,曹操将其接来许都以后,吃喝享乐样样顺心，但是，荣华富贵若是成了习惯，那也会变得无趣。眼见曹操势力逐渐膨胀，已经成长为事实上的一国之主，此时的东汉王朝已经形同虚设，汉献帝更是一个无实权的光杆司令。这日，汉献帝从美人堆里醒来，却发现身边布满曹操密探，处处被监视、被牵制，原来自己已经久在囚笼里了。曹操取而代之之心，天日昭昭，只是时间早晚的问题罢了。

这位东汉的末代天子，日益表现出了天子的威严，但看东汉王朝成了曹家的天下，再不有所行动，就要改朝换代了。汉献帝人小胆大，谋求自强的决心悄然立下，再看那曹操，更带着仇恨的眼光，一次一次的表现也让曹操受到了威胁。这日，曹操走上大殿，殿下群臣俱在，议事完毕，汉献帝突然冒出一句雷倒众人的话，这话是对着曹操说的："君若能相辅，则厚；不尔，幸垂恩相舍。"群臣均一怔，没有料到汉献帝能出此言，曹操却已大惊失色，冷汗冒出，片刻，汗流浃背，良久无语。

众人都已退去，汉献帝也已离开，曹操仍旧屹立殿上，久久不能平复内心的波涛汹涌。朝堂之上哪一个不是他曹操的人，他当然不是在害怕，他只是惊讶于汉献帝能出此言，那温顺的小猫猛然之间成了小老虎，正张牙舞爪向其示威。

曹操将汉献帝从荆棘丛生的洛阳营救出来，抱着挟天子以令诸侯的打算，让汉献帝荣华享尽，原以为天子清心寡欲，对权力之事并无兴致，却不料，权力真是个稀罕东西。只是，傀儡天子想要摆脱玩偶命运，重掌汉朝大权似乎没有那么容易。

身在龙潭虎穴，汉献帝本身就已经身陷困境，一举一动俱在曹操掌控之中，根本就无法伸展拳脚，连曹操的一根汗毛都无法动。当此之时，曹操的身边已经聚集了一批反曹派，以伏皇后的父亲伏完为首，但是汉献帝的这个岳父没有实权，汉献帝就将铲除曹操的重任交给董贵人的父亲董承。

董承本是董卓部下，董卓兵败，董承无处可归，幸得上天相助，董承的女儿成了汉献帝的妃子。董承起死回生，顶着国丈的身份，到了汉献帝的身边，在汉献帝入许都时一直伴随左右，也算尽心尽力。汉献帝几经磨难，身边又没个说知心话的人，便将董承视为自己人，凭着这层关系，董承捞了个卫将军的职务。这夜，汉献帝久久不能入睡，好说歹说，终于将身边的宫女、太监、侍卫都打发干净了，秘密行动就在今晚开始，保密工作要做到万无一失。如此想着，汉献帝再次将四周扫视一遍，确保无人，便坐在案几前，写下那份血诏，回顾种种，汉献帝越发坚定了诛杀曹操的信念。曹操实在欺人太甚，汉献帝因愤然而不禁失声。汉献帝将写好的诏书缝入衣带内，狡猾如曹操，为逃脱他的法眼，唯有此法。真是魔高一尺道高一丈，汉献帝能想出此法，必定是经过深思熟虑，可见铲除曹操决心之大。

汉献帝建安四年（199年）阳春三月，董承被提拔为车骑将军，升职令由汉献帝亲自下达。乍看，不过是一件普通的给官员升职的例行公事，却隐藏着汉献帝极大的动机。首先，此事由汉献帝亲自裁断，根本没有征得曹操的同意。其次，曹操正面临着内忧外患，对内，刘备表面顺从，却暗藏野心，始终是一大隐患；对外，袁绍虎视眈眈，大范围调兵遣将，南下之势路人皆知。汉献帝正是抓住了曹操无暇顾及之机，实施自己的计划。

董承得车骑将军之职，喜上眉梢，这一职务，拥有许都最高军事头衔，本归曹操所有。只是，董承虽拥有无上的职称，却根本没有实权，因为部队多是曹操所率，根本不听从他的指挥。董承空有职衔，手中兵力仍然有限。他明知自己势单力薄，但好在慧眼识人，将反曹操的势力一一发掘，最后种辑、王服、吴硕，还有不置可否的刘备被拉拢过来，加入谋刺曹操的阵营。

种辑时任长水校尉，王服、吴硕乃是将军，只是这三人虽头戴军衔，却是个空壳，手下士卒少得可怜。刘备虽有些势力，却仍旧徘徊犹豫。其实，此时的刘备也是自身难保，在曹操的监控之下，处处小心，备受控制，有性命之忧，哪里还有心思去管这些争权夺利的事情。刘备借袁术要去投奔袁绍之机，得曹操应允去徐州拦截袁术，自此一去不复返，参加诛曹操之事也就不了了之了。

董承诛曹操，前前后后准备了一年也没有实质性的进展，所谓夜长梦多，再这么拖下去迟早要败露。汉献帝一遍一遍地催促，一次一次地失望，董承心里也急，整日茶不思、饭不想、夜不寝，一门心思想主意，还真被他想出来一个妙方。

董承想到了太医吉平，吉平乃是曹操的家庭医生，却与董承交好。若是让他下手，在曹操所服药物中，加一剂毒药，就可轻松让曹操一命呜呼。真是天赐良机，董承欣喜若狂，连夜拜访，一番甜言蜜语，将吉平也拉入了谋刺曹操的团队中。董承终于松了一口气，成功指日可待。曹操一除，就是他董承的天下了，这样想着，董承心中已经乐开了花，如同吃了蜂蜜一般甜。

人生不如意之事太多，功亏一篑之遗憾，也常常发生，沉浸在美梦中的董承万万没有想到，事情会落得功败垂成、前功尽弃的结局，而他自己也遭遇了连诛三族的命运。曹操命不该绝，种种迹象都让他起了疑心，也许，从汉献帝不得曹操允许就任命董承为车骑将军那一刻起，曹操就已经有所警觉。所以，当发现了蛛丝马迹，曹操便将其刺杀的阴谋扼杀在摇篮中，证据是不需要的，手中的权力可以代替一切。

董承、种辑、王服、吴硕片刻之间人头落地，给他们陪葬的还有三族亲属。曹操先斩后奏，汉献帝吓出了一身的汗，当然，曹操明知汉献帝乃背后主使，终究是不能拿他怎么样的，当着他的面将董承怀孕五个月的女儿董贵人一刀杀掉。曹操根本不理会汉献帝的求情，汉献帝泪眼濛眬，双拳紧握，敢怒不敢言，心想你曹操实在是胆大妄为，二话不说，杀了自己的妻子与未出世的孩子，实在是欺人太甚。

此番杀鸡给猴看，让汉献帝更加憎恨曹操，却也不敢轻举妄动了。伏皇后一向支持汉献帝铲除曹操，被曹操得知，曹操想方设法将其打入冷宫，后逼其自缢。衣带诏，随着曹操杀戮的结束而毫无踪影。

## 第二卷

# 三足鼎立：一个馅儿饼分三份

# 第一章

## 长坂混战：刘大耳朵快跑

### 还是亲人靠得住

汉献帝建安六年（201年），官渡之战已经接近尾声，袁绍节节败退，当初的壮志雄心遭遇了现实中的一次次失败，袁绍心中的骄傲再也燃烧不起来了。自从血吐沙场，袁绍自知凶多吉少，而继承人的候选问题，也一直伤透了袁绍的脑筋。心烦意乱，而又壮志未酬，种种打击，让袁绍的斗志再难昂扬。

反观曹操，却是从"山重水复疑无路"的困境，走入"柳暗花明又一村"的境地，这其中巨大的反差不得不发人深思。以少胜多的喜悦，让曹操意气风发，一扫战初的阴霾，曹操正雄赳赳、气昂昂，下一个目标就是将袁绍斩草除根，以永绝后患。

但是，胜利的喜悦并没有让曹操丧失理智，对于袁绍的实力，曹操还是看得分外清楚的。

兵力不足，粮草短缺，后勤支援困难，面临种种困境，曹操恋恋不舍地放弃了，放弃了这乘胜追击袁绍的大好时机。曹操的如意算盘是，先回许都休整片刻，等到人壮马肥了，再攻打冀州，将袁绍一举灭之，但是半路杀出了一个程咬金，将曹操的美妙计划打破了，此人乃是曹操宿敌刘备。

刘备得了时机，向袁绍请命入汝南，自从刘备到了汝南以后，刘关张三人也在此重逢，在刘备的带领下，将此地经营得有声有色。这就是领导者的魅力所在，就如同金子，无论放在哪里总会发光的。

一个优秀的领导固然重要，但是靠实力说话仍旧是不争的事实。刘备趁曹操无暇顾及后方之机，时时骚扰许都，让曹操抓耳挠腮，愤怒无比。曹操盛怒之下，走了一步险棋，挥师远征刘备，留下生死未卜的许都，只盼袁绍大志无谋，不要趁火打劫。所谓一山更比一山高，刘备是一个优秀的领导，当遭遇了颇具实力的曹操的时候，却没辙了。

汉献帝建安六年（201年），曹操的大军已接近汝南，刘备万万没有想到，曹操会舍许都而攻汝南，一时之间竟乱了手脚。曹操的实力，刘备心知肚明，若是以实力相碰，无异于鸡蛋碰石头，必败无疑，但是舍弃汝南，刘备心中又万分不舍，犹豫踟蹰，刘备踱来踱去，不知道如何抉择。

是祸躲不过，刘备心中起了逃跑的念头，但是不战而逃，以后如何在军中立威，这不是一个高明的领导者的作为。无论如何，是要与曹操兵戎相见的，刘备先在军中展开一番慷慨激昂的演说，将汉献帝之委屈，以及曹操盗国之行径，一一灌输于士卒头脑，为自己的应战争得了名正言顺的名分，趁士卒士气大振之机，以关羽、张飞二人各领一支军队，出城迎敌。

曹操是用兵高手，以大将夏侯惇为前锋，连日攻打汝南城，曹操此举在于不给刘备以喘息之机。关羽、张飞接二连三狼狈撤回，刘备心中无计，做好了各奔东西的准备。

曹操的连环战术仍在继续着，汝南城中粮草供应的道路已经被曹操切断，城中十室九空，粮草缺乏，已经到了无法支撑的地步。刘备唯有大叹一声，汝南失矣，却毫无他法。如今之势，只能是破釜沉舟各自逃命了。这日，刘备将众人聚在一起，将当前之形势毫不隐瞒地告知众人，众人皆沉默。刘备开口打破这沉默，以无比沉痛的语气，让众人各奔东西，另觅他主。

良禽择木而栖，贤臣择主而事，在这样战乱的年代，有多少人还抱着忠君不事二主的儒家理念；识时务者离去了，忠义之士留下来了，刘备越发势单力薄了。这日，刘备召集忠义之士，商议下一步作为，准备酒足饭饱之后奋力冲出曹军重围，但是，天下之大，何处才是容身之地！

曹操视刘备为眼中钉、肉中刺，杀之而后快，刘备自是不能投靠。袁绍泥菩萨过江，自身难保，哪里还顾得了他人，也不在考虑之列。江东孙权素来无甚关系，孙氏又得曹操安抚，也不是可容身之地。诚如谋士孙乾所说，唯有荆州刘表可以依附，一来刘表兵强马壮，素来少与人起争端，过着井水不犯河水的小日子。二来毕竟是刘家宗族，可叙同宗之旧情。

城外，曹操的大军正叫嚣着，破城指日可待，已经没有时间犹豫。这日夜里，刘备率领余兵，在夜幕的掩饰下，打开城门，一涌而出。张飞、关羽在前，众人在后掩护刘备，边打边往荆州方向撤退，幸好，夜里曹军防备减弱，刘备得以冲出重围，侥幸逃脱。

逃出的刘备，连夜赶路，快马加鞭，到了荆州边境，曹操追袭不得，又念及许都安危，攻下汝南之后撤回。刘备终于松了一口气，但看士卒，寥寥无几，不禁伤感万分，更为前途未卜忧心忡忡。

刘备率领众人初入荆州，不禁为荆州之景象而惊叹，但见荆州处处洋溢着繁华的气息，环境宜人，土地肥沃，商业繁荣，百姓安居乐业。刘表经营荆州多年，天下多年混乱，刘表却能够按兵不动，坚守荆州这块宝地，始之未受到战争的污染，俨然一片世外桃源。

刘备惊叹之余，不禁心有疑问，刘表能否容人？刘表一向只求自保，能否容得下刘备这还未可知，刘备刚刚放下的心事再次提了起来，孙乾见主公忧心，倒是仗义，自告奋勇要前去说服刘表。

刘表听闻刘备来投，欣喜万分，但是，刘表部将蔡瑁站出来，当头给刘表一棒。蔡瑁对刘备甚是不满，刘备先后辗转于吕布、曹操、袁绍，后来均反目为仇，蔡瑁以此论定刘备为人不忠不义，不可与之相处。另外，刘备与曹操正打得不亦乐乎，若是收留刘备，恐怕曹操会增兵荆州，若是如此，那就得不偿失了。刘表听蔡瑁所说，确实有理，不禁有了几分犹豫。

孙乾见刘表面有迟疑，便用了激将之策，道"玄德公闻刘荆州乃天下名士，礼贤下士，故来相投。前者相从曹、袁，皆不得已耳。公若不容，岂不令天下忠义之士寒心。"刘表听孙乾如此说，不禁心中不服，刘表素来注重名气，更以礼贤下士著称，怎会自损名节？便将蔡瑁斥责一番，亲自出城迎接，并礼遇待之，刘备如丧家之犬，在此得到了温暖，不禁感恩戴德。

刘备入荆州，这成为他人生的一个转折点，之前的小打小闹，让他崭露头角，他的人生大业将在此拉开帷幕。一个到处去投奔他人的无名之辈，终究以此为发家之地，成为三国鼎立之一霸。

## 诸葛亮，我终于见到你了

刘备投奔刘表之后，暂得一席容身之地，但是寄人篱下，处处看人脸色，还要忍受刘表的监视与牵绊，自认为千载难逢的时机又不被刘表看重，刘备因心中抱负得不到伸展而愤愤难平。入荆州多年，刘备仍旧毫无建树，见曹操铲除袁氏集团平定北方，即将完成北方统一大业。日月蹉跎，终日过着看似安定祥和的日子，所谓居安思危，刘备似乎已经看到危机正逐步蔓延。虽说大树底下好乘凉，但是别人终究是靠不住的，唯有自身强大起来，才能顶天立地。

刘备的决心很坚定，虽已到了奔五的年龄，但是能够看清这一点，仍为时不晚。刘备反复揣摩着司马徽那句话"左右不得其人"，再看自己闯荡半生，仍旧颠沛流离，天下之大，却无立锥之地，刘备不得不深思，这其中原因种种，真的就如自己所抱怨的那样，全赖于"命途多舛"四字吗？

刘备思前思后，司马徽所说不无道理，不管如何，要扩充实力，招贤纳士必不可少，前些日子，去拜访司马徽，司马徽称学生诸葛亮为"兴周八百年之姜子牙，旺汉四百年之张子房"，而有卓越的军事才能的徐庶也称赞诸葛亮"有经天纬地之才，盖天下一人也"。在与徐庶的交往中，刘备见识了徐庶的智谋与品行，非同寻常，刘备称其为有王佐之才。徐庶曾将自己与诸葛亮作了一个对比，"驽马并麒麟，寒鸦配鸾凤"。

司马徽与徐庶乃当世名士，有经天纬地之才，而诸葛亮又如此被二人推崇，可见诸葛亮不是一般人物。刘备打算将诸葛亮纳入自己麾下，便将徐庶唤来，让其引见诸葛亮。刘备的想法很简单，"学成文武艺，货与帝王家"是众多士人抱有的想法，诸葛亮有旷世之才，又是识时务之士，自然会乐得出仕。

刘备的想法过于简单，诸葛亮隐居隆中，声名远播，却没有为当政者所用，并非真的避世，而是比较慎重。隐居山林，冷眼旁观，却不是置身事外，看清形势，认准前途，在没有十足的把握之前，怎肯轻易出山！

刘备看惯了那些急功近利之士，而他自己也是一个四处奔走、有利就投奔之人，对于诸葛亮这样心存节操，愿为知己者死的名士很是少见，因为不了解，刘备轻视了诸葛亮的格调。仅仅凭一句"敢劳元直为备请来相见"，就想请得诸葛亮出山，刘备诚意不足，徐庶再言诸葛亮之不凡，刘备终于充分重视，为图霸业，求贤若渴，既然可安天下，亲访又何妨。

诸葛亮，字孔明，琅邪阳都（今山东沂南县）人，生于汉灵帝光和四年（181年），父母早死，由叔父诸葛玄抚养长大，十五岁时跟随叔父诸葛玄到荆州避难，在此拜师求学，成为司马徽与庞德公的学生，诸葛玄死后，诸葛亮就结庐隆中，过着半耕半读的日子。也把自己锤炼成一个百科全书般的通才，天文、地理、气象、阴阳、兵法无不通晓，琴棋书画又样样精通。才华上毫不逊色，品行更是让人无可指摘，"淡泊以明志，宁静以致远"，这是诸葛亮一生的格言，锦衣玉食、富贵显达不是诸葛亮所求，他的目标在于更高层次的苍生事业。诸葛亮在这乱世之中仍能够保持中国士人传统的节操、气节、忠义，并终其一生都在践行。

当然，刘备现下所知，仅仅是诸葛亮的一丝皮毛罢了，出于对诸葛亮才华的赏识，刘备与关羽、张飞带着厚礼，往隆中卧龙岗去拜见诸葛亮，只是，天不遂人愿，诸葛亮不在，刘备打算在隆中草庐等候，被关羽、张飞劝回。第一次，刘备失望而归，张飞心中的不满情绪已经泛滥。

第一次没有见到诸葛亮，刘备并没有气馁，正值寒冬腊月，大雪纷飞，刘备再次在关羽、张飞的陪同下，前去拜见诸葛亮，不料诸葛亮又外出未归，刘备惆怅不已，却也不敢懈怠，张飞是个直性子，脾气暴躁，没有耐心，见诸葛亮又不在家，心中恼怒，便吵着要回去。刘备见天色已晚，也不便久留，便写下一封信，表达了自己的敬仰之情，以及请诸葛亮出山协助自己救百姓于水火之中的殷切之情。

诸葛亮归来，见了刘备的书信，心中所动，却并未有任何表示。刘备焦急，恐诸葛亮不肯答应，再次携关羽、张飞来访。此次拜访，三人产生了分歧，关羽与张飞认为诸葛亮徒有虚名，心高气傲，不值得三番两次的拜访，若非要请诸葛亮令人前去差遣即可，何必劳驾刘备多次亲往。刘备将这二人斥责一番，坚持第三次入隆中拜访诸葛亮。

皇天不负有心人，诸葛亮这次终于是在家了，只是此时正值中午，诸葛亮小童来报，诸葛亮正睡午觉，不便打扰。张飞一听顿时火冒三丈，他一个粗人，哪里懂得这些文人的礼数，便上前要将诸葛亮唤醒，刘备心细如发，将张飞拦住，与关羽、张飞在外等候，直到诸葛亮醒来。

刘备的诚意，诸葛亮记在心里，终究被刘备精诚之心打动，后来，诸葛亮在《出师表》中描述此事并表达自己的知遇之恩，"先帝不以臣卑鄙，猥自枉屈，三顾臣于草庐之中。"诸葛亮与刘备二人促膝长谈，诸葛亮见刘备心怀天下苍生，实为明主，尽管刘备此时正值潦倒落魄，仍旧毅然决定出山辅佐刘备。

这一年是汉献帝建安十二年（207年），刘备已49岁，诸葛亮仅27岁，君臣相见恨晚。刘备"三顾茅庐"开辟了事业的一个新局面，陈寿在《三国志》里记载刘备诸葛亮"君臣相遇，可谓希世一时"，裴松之也说"诚君臣之至公,古今之盛轨也",可见刘备之"三顾茅庐"看似是一件礼贤下士的小事,却是汉末历史发展进程中的一件大事,这主要得益于诸葛亮颇有先见的"隆中策"。

所谓隆中策,就是这次会面当中诸葛亮为刘备所设计的整个成就霸业的路线,原文是这样书写的:"自董卓以来,豪杰并起,跨州连郡者不可胜数。曹操比之于袁绍,则名微而众寡,然操遂能克绍,以弱为强者,非惟天时,抑亦人谋也。今操已拥百万之众,挟天子而令诸侯,此诚不可与争锋。孙权据有江东,已历三世,国险而民附,贤能为之用,此可以为援而不可图也。荆州北据汉、沔,利尽南海,东连吴会,西通巴、蜀,此用武之国,而其主不能守,此殆天所以资将军,将军岂有意乎?益州险塞,沃野千里,天府之土,高祖因之以成帝业。刘璋暗弱,张鲁在北,民殷国富而不知存恤,智能之士思得明君。将军既帝室之胄,信义著于四海,总揽英雄,思贤如渴,若跨有荆、益,保其岩阻,西和诸戎,南抚夷越,外结好孙权,内修政理;天下有变,则命一上将将荆州之军以向宛、洛,将军身率益州之众出于秦川,百姓孰敢不箪食壶浆以迎将军者乎?诚如是,则霸业可成,汉室可兴矣。"

诸葛亮与刘备一番交谈,感待到天时,觅得明主,便毫不隐瞒,精辟分析当世形势,提出"兴汉室,成大业"的战略。刘备听诸葛亮所言,如醍醐灌顶,敲醒了梦中人,对诸葛亮甚是佩服。

这是一次历史性的会面,它从根本上改变了刘备寻求出路的方式,以前刘备只是想做一个官员为朝廷效力,后来随着黄巾起义,刘备走上了争夺中原霸权的道路。总体而言,刘备一直是在硬碰硬,没有想办法进行迂回,与曹操的几次硬碰硬最后的结果都是惨败,而诸葛亮的出现为刘备解决了最为关键的路线问题,其实就是"柿子捡软的捏"这个最简单的道理,刘备被这样的言论提醒了,终于让自己的事业走向了正途。

刘备以诸葛亮的"隆中策"为终极目标,从无立锥之地,一步一步走上三足鼎立的道路,这其中懂得运筹帷幄的诸葛亮立下了汗马功劳。

# 第二章

## 江东固权：孙权不是好惹的

### 是我的就是我的

孙策占据江东以后，可谓意气风发，人称小霸王，乱世之中，可谓群雄中的佼佼者。有勇有谋的孙策占据江东以后，并不打算止步不前，野心勃勃的他，妄图争夺天下，却由于自己的疏忽而遭遇了不幸。

汉献帝建安五年（200年），孙策意气风发，骑马去打猎，孙策一人快马在前，后面的随从逊色几分，根本无法跟上孙策的步伐。行至茂林处，孙策见一麋鹿，心中不免喜悦，便放松了警惕。茂林中有三个人，正目不转睛地望着孙策，悄悄弯弓上箭，瞄准孙策，三人齐发，孙策正一心一意追赶麋鹿，根本来不及躲闪，仓促之间，面颊中箭。

孙策手捂面颊，剧痛传来，后面的随从这时赶到，将这三名刺客抓获，经审问，乃知这三人均是许贡的门客，因孙策杀其主公，便潜伏至此，以伺机报仇，许贡与孙策之嫌隙说来久矣。

许贡，吴郡太守，一度依附于刘繇。时孙策在袁术手下当值，袁术命孙策经营江东，孙策入江东，先是平定刘繇，又占领吴郡。许贡身不由己只能听凭孙策指挥，但是表面笑脸相迎的许贡，对孙策并不是真正臣服，口服心不服的许贡伺机向朝廷发去了密函，指责孙策有逆反之心，又兼勇气可嘉，谋略有余，若是任凭壮大，必然养虎为患，为祸朝廷。

许贡与朝廷的密函被孙策截获，孙策表面不露声色，却不料许贡变本加厉，多次与朝廷密谋，并提议将孙策唤回朝廷，严加监视，以绝后患。是可忍孰不可忍，孙策毕竟是有计谋之人，仍不漏风声，以要许贡议事为由，将许贡唤来，将其杀害。

许贡虽死，孙策与许贡的恩怨却没有随之而去。许贡惜才，爱好招揽有才之士，门下食客多可罗雀，许贡平日对门客也是敬畏有加。许贡死后，这些食客自然不满孙策，时时想为旧主报仇，因此趁孙策打猎之机，埋伏茂林，伺机刺杀，终于为许贡报仇雪恨。

许贡手下这三名门客，为主报仇，虽杀孙策，却也葬送了自己的生命。可以想象，在他们行动之前，就应当已经想到了这样的命运，但是他们仍旧义无反顾，就算是搭上性命也在所不辞。所谓士为知己者死，他们的死就恰当地印证了这句话。许贡能得此殊荣，况又有孙策相陪，在泉下也该瞑目了。

因箭上有毒，孙策中箭以后，自感将不久于世，就将弟弟孙权唤至床前，交代后事，将东吴之事交于孙权，并言，"举江东之众，决机于两阵之间，与天下争衡，卿不如我。举贤任能，各尽其心，以保江东，我不如卿"，孙策一语道破了二人优劣。这年孙权十七岁，承担起了保江东的大业。孙策临死前，交代了东吴以后的发展方向"中国方乱，夫以吴、越之众，三江之固，足以观成败"。并将群臣唤至身边，诚恳而艰难地说，"公等善相吾弟"（《三国志·吴书·孙讨逆传》）。群臣见如此，莫不为之惋惜，均让孙策宽心。是夜，孙策去世，年仅二十六岁，可谓天妒英才，英年早逝，唯有高唱"出师未捷身先死，长使英雄泪满襟"了。

孙权临危受命，继承父兄大业，成为东吴新主。孙权，字仲谋，生得相貌非凡，人称紫髯碧眼，嘴巴硕大，其形貌不与常人同。孙权自幼习武，又熟读各家经典，多方涉猎，可谓文韬武略，智勇双全。孙权自幼跟随父兄南征北伐，虽不能以久经沙场来形容，却也是履历丰富。其父死后，孙权跟随孙策左右，出谋划策，常常能够语出惊人，让孙策不禁称奇，甚是看好他。

后孙策为锻炼孙权，以望他早日成才，便将一县交给他管制，孙权时年十五岁。孙权性格开朗，不以尊为恃，又有容人之量，虽年幼却已经建立起了威望，将一县治理得井井有条，不负孙策之望。

创业与守业自古是一个备受争议的话题，至于创业难还是守业难，众说纷纭，但是毋庸置疑，创业难，守业也不易。

孙权所具备的才能让其成为一个守业之主，首先他能够知人善任，举贤任能，虽生于富贵之家却能够体会民间疾苦，对手下、对百姓和颜悦色，不以威严相逼，甚得人心，人心归附便不成问题。孙权为巩固其统治根基，在用人上下了一番功夫，首先对孙策旧臣仍予以重任，待他们极厚，虽是他们的顶头上司，却仍怀着谦卑心态，虚心请教，真正做到不耻下问。

周瑜是孙策手下的一个重臣，见识非凡，颇有谋略，孙权对他"言必行，计必从"，周瑜感激孙权的知遇之恩，知无不言，言无不尽，将孙权当作至亲，以肝脑涂地之信念为孙权效忠。后周瑜提出招贤纳士之计，孙权欣然采纳，广纳贤士，并诚心相待，善用之，甚得文武之心，个个殚精竭虑为他效劳。

孙权凡事谨慎，每有大事，必然多方听取意见，鲜少刚愎自用，更不会一意孤行，这种谨慎自然有利有弊，群臣均可各抒己见，孙权从来都是捍卫每一个臣子说话的权利，综合群臣所抒，孙权拿定最后主意，这样的谋断，自然含金量就高，万无一失之概率也大。但是，谨慎也会常常让人迟疑不决，计谋难以早日定下，若是事态紧急，则会贻误时机。孙权在稳固统治之时，也不忘注重发展生产，养精蓄锐，富国强兵。其主要作为乃是效仿曹操，实行屯田，屯田制让大片土地得到开发，士卒闲时耕作，忙时作战，做到两不误，增加了粮食仓储，为战事储备了足够的粮草。

当然，在孙权大力整顿内政，发展生产的同时，也不忘军事行动与外交活动，三伐黄祖，联刘抗曹，乃是其在守业之余，纵横捭阖，力图建立东南霸业的努力。

## 周帅哥来了

公元208年，曹操带着20万大军进攻江南。巧合的是，曹操的军队还没到达荆州，刘表就病死了。刘表的儿子刘琮投降了曹操，并送上了"大礼包"襄阳城。当时刘备正在与襄阳一水之隔的樊城（今湖北襄樊），曹操大军突然逼近，兵力薄弱的刘备只好选择逃跑。刘备的军队被曹军打得颠沛流离，直到了夏口，才稳定下来。

曹操先给孙权送去了一封结盟信，意图招降孙权，信中口气极大，其意乃是给孙氏集团以气势上与心理上的压力，以成不战而败之局面。

曹操一封与孙吴永结同好的书信，犹如一颗地雷，在孙氏集团内部炸开了。孙权见信，霎时惊恐，此刻他正与诸葛亮商讨抗曹之事，聊得正起兴，诸葛亮分析了江东兵力与曹操兵力的力量对比，孙权听了诸葛亮所言非常高兴。但是，这一刻，见识了曹操的能力，孙权犹豫了。曹操的气势猛如虎，以江东之实力，即便是联合刘备也恐怕是难以抵抗。孙权迟疑了，心中抗曹的信念动摇了，事情的发展太出乎意料。孙权当机立断，立即中断与诸葛亮的谈判，召集文武诸臣探讨此事。

当时群臣各抒己见，议论纷纷，以张昭为首的投降派人数众多，言论一波一波冲刺着孙权的听觉，所说种种，终归一句话，江东没有生存下去的可能，为保性命，只能投降曹操。以张昭为首的谋士武将，均是跟随父兄打江东的元老级人物，他们的意见孙权不能不考虑。

仔细考虑下来，这些所谓的"投降派"尤其是张昭等人，并不是真正要去害孙权而给自己谋求一个位置，实在是两方的实力差距太大，如果硬碰硬最后战败，恐怕想降曹操都不会再给机会了。

事实就是像张昭所说的那样，曹操势力已经满布江南，挟天子以令诸侯，此次又是"奉辞伐罪"，名正言顺南征，只不过这些都不足以为惧，天下之士，哪一个不知道曹操虽标榜汉相，却实为汉贼。孙权所畏惧的是双方实力悬殊，曹操水陆皆备，又得刘琮相助，敌众我寡，以实力相拼，后果不堪想象。

但是，孙权知道，若与曹操联盟江东基业就将毁于一旦，父兄以血汗打下江东，并为此付出了生命，孙权想到父兄艰苦打下的江东基业毁于自己的手中，不免心有不甘而愧对父兄。将一手打拼多年的成果拱手让给曹操，孙权也是万分不舍。

孙权沉默良久，任凭张昭一派侃侃而谈。鲁肃一向支持联刘抗曹，孙权见其一言不发，只是低头沉思，将目光转向他，然后漫长地等待，鲁肃依旧无语，若有所思的样子，孙权明了，知鲁肃心中必定已经有了谋略，只是在这种场合不愿意公开而已。孙权的兴致被调动起来了，迫不及待想要听听鲁肃的高见。鲁肃早就注意到了孙权那满是疑问的目光，但是，群臣在侧，怕是口无遮拦有所不便，鲁肃只求能够单独与孙权对话。

鲁肃抬头望向孙权，却见孙权那满是笑意的眼神，二人相视一笑，心中已经心有灵犀一点通。孙权借口如厕，鲁肃紧跟而入，君臣相见，孙权也不委婉，单刀直入，鲁肃也不含糊，一一相告。鲁肃所言将众多投降派文武，贬低为没有骨气之人，更以专误主公评价之，确实是不敢在群臣面前直言。孙权听后，深感鲁肃全然为江东利益着想，不若群臣为一己私利。更让孙权茅塞大开的是，鲁肃一针见血指出孙权投降曹操将无路可走，"将军迎操，欲安所归"，所谓一山不容二虎，孙权就是第二个刘备，曹操已经尝到了放虎归山的恶果，难道还会放任孙权而坐视不管？！

鲁肃能够想到孙权安危，估计江东之存亡。再观殿外诸臣，孙权十分感动，紧握鲁肃的手，眼中充满感激，对鲁肃更加器重。鲁肃此言，甚得孙权其意。信心有了，但是，残酷的现实仍旧不曾改变，曹操八十万大军如何抗衡。孙权仰天长叹，无言。鲁肃知道孙权心中顾虑，便向孙权建议将周瑜召回，以共商军务大计。孙权也不迟疑，立即命人将驻守鄱阳的周瑜召回。

周瑜骁勇善战，且颇具谋略，跟随孙策，征南伐北，立下了汗马功劳，每每战事凯旋，孙策总是亲自迎接。周瑜之名在江东越发响亮，时人总是亲切地将其称为"周郎"。后孙策、周瑜得皖城，得乔公的两个女儿，就是当时有名的美人，大乔、小乔。孙策也不独占，娶了大乔，而周瑜娶了小乔，自此结成了姻亲，关系更近了一步。

孙策被刺后，周瑜得孙策所托，一心辅佐少主孙权，手握重兵的他并不倚老卖老，更无反叛之心，对孙权也是以君臣之礼相待。

在孙策死后，曹操为与袁绍死拼而无后顾之忧，更为牵制江东孙权，让其送子入京，以作人质。对于此事，周瑜坚决反对，为举棋不定的孙权坚定了信念，孙权拒绝了曹操的命令，显示了强硬的一面。脱离曹操牵制，为孙权后来不断壮大、出兵江夏免除了隐患。

周瑜被孙权召回，即刻站在了鲁肃这一阵营，一场针对投降派的斗争展开了。孙权再邀群臣议事，投降派仍旧是之前的一番言论，总而言之，就是迎曹操，周瑜忍将不住，拍案而起，厉声道："操虽托名汉相，其实汉贼也。将军以神武雄才，兼仗父兄之烈，割据江东，地方数千里，兵精足用，英雄乐业，尚当横行天下，为汉家除残去秽。况操自送死，而可迎之耶？请为将军筹之：今使北土已安，操无内忧，能旷日持久，来争疆场，又能与我校胜负于船楫，可乎？今北土既未平安，加马超、韩遂尚在关西，为操后患。且舍鞍马，仗舟楫，与吴越争衡，本非中国所长。又今盛寒，马无藁草。驱中国士众远涉江湖之间，不习水土，必生疾病。此数四者，用兵之患也，而操皆冒行之。将军擒操，宜在今日。"（《三国志·吴书·周瑜传》）

周瑜在此具体分析了曹操在江南用兵的各个不利之处，总结起来，大致有三点：其一，曹操后患不除，将危及他的后方，曹操无法安心于江南作战；其二，曹军远道而来，在颗粒无收的寒冬打仗，粮草供应不足；其三，曹军擅打陆战，江南多水战，士卒对水战不熟悉，必然水土不服，产生厌战情绪。他的这一番话，将孙权满身的热血都调动起来，最后周瑜满怀信心，慷慨激昂道："瑜请得精兵三万人，进住夏口，保为将军破之。"这掷地有声的保障，让孙权更加坚定了抗曹的决心。经历了一番辩论,孙权终于下定了决心,联刘抗曹的好戏就要上演了,赤壁之战拉开了帷幕。

# 第三章

## 赤壁之战:鲜血染红的前途

### 各有各的"降龙十八掌"

曹操以全数兵力开赴赤壁,本想以绝对优势渡江,一举攻下江东,却不料初战失利。曹操低估了孙刘联军的实力,更将自己置于不可高攀的位置,踌躇满志的曹操意气风发,却让日益蔓延的独断专行逐渐将其吞噬,骄兵必败,曹操开门即败,这"骄"字可谓"头等功臣"。

弱者易虚,强者易骄,自古就是一个难以走出的法则,在曹操身上也不例外。观曹操战官渡,征赤壁,这其中道理被曹操诠释得淋漓尽致。官渡一战,曹操那个谦虚,恨不得将头颅低入尘埃,让众人不禁感叹,希望在即。反观赤壁,曹操高高扬起头颅,就再也不肯低下了,却不料,被脚下的一块小石头绊了跟头。

其实,战争的序幕还未拉开之时,曹操的谋臣就曾劝诫过曹操,贾诩曾言,"明公昔破袁氏,今收汉南,威名远著,军势既大;若乘旧楚之饶,以飨吏士,抚安百姓,使安土乐业,则可不劳众而江东稽服矣"(《三国志·魏书·贾诩传》)。然而,曹操将其言置之不顾,坚持东征。

战争中,曹操再次将刚愎自用的作风进行到底,西蜀刘璋是个识时务者,见曹操一朝得势,便伸出了友好之手,战争物资供给不说,更派士卒前来支援,士卒虽不多,但足以表明心意,此次刘璋派来的领兵使者是张松,张松其貌不扬,甚得曹操厌恶,曹操只是碍于情面,不好将其打发，便给了他一个小差使。

主簿杨修知张松为人，虽腹有才华却心胸狭隘，恐将其冷落，滋生事端，杨修便劝诫曹操重用张松，不要将其懈怠，对以后将西川纳入囊中必有益处。曹操却对张松丝毫没有热度。

诚如杨修所料，所谓无毒不丈夫，张松见如此受冷落，心中便种下了仇恨的种子，自己不自在，也不能让曹操如愿。张松满腹仇恨地回益州去了，见刘璋便无所不用其极地劝其与曹操绝交，刘璋对张松颇为信任，从此便疏远了曹操。由依附者变为隐患，真是一失足成千古恨，纵使高傲的曹操，也不得不为一时的冲动后悔莫及。

战争一开始，曹军就将其弱势一览无余，长途劳顿，不习水战，水土不服，更因疾病流行而无精力作战。一连串的问题远远超出了曹操的预想，而经历了战败的曹操并未从失败中悉心总结经验教训，将战败原因归结于军中蔓延的疾病，依旧一意孤行如故。

曹操仍旧是有信心的，毕竟胜败乃是兵家常事，一次小小的战败对于久经沙场的曹操来说，就是一个小指头的问题。曹操首战伤亡万余，以剩下之兵力横扫江东仍旧绰绰有余，这些曹操并不担心，令曹操眉头紧锁的是，如何能破对岸周瑜的水军。

水军是曹操的一个死穴，曹操在南征之前就在邺城作玄武池，以此训练水军，做好南征准备，但是，毕竟是北方天生的旱鸭子，只能是临时抱佛脚，没有成就大气候。占领荆州，曹操迫使刘琮投降以后，收编了荆州水师，然而，有多少士卒能够为这逼降的曹操一心一德，拼死拼活？曹操高估了荆州水师的品行，也高估了自己的魅力。

曹操所带亲兵，在陆上战斗，个个生龙活虎，气势威不可当，但是到了水中，个个都成了霜打的茄子，再也神气不起来了。荆州水军虽然庞大，战斗力却难以让人信服，正值打仗这个生死攸关的时刻，靠别人是靠不住的，到头来，还是得要靠自己的人马。当务之急，乃是训练出一支足以与孙氏集团相抗衡的水军。

长江水流湍急，船只颠簸，况且是在船上作战，让北方来的士卒难以适应,如何让士卒快速适应颠簸的船只,曹操可是煞费苦心。这日,曹操令士卒将船只首尾连接,以此加强船只的稳固,也便于训练士卒。

《三国演义》中,这一段被演绎成,曹操乃是听从了荆州名士庞统的建议,然后命令士卒用铁链将战船一一连接起来,人马于其上如履平地,解决了船只颠簸的问题。这一说法,综观史书,并无确切记载,而在《三国志》中,也只是提到曹操将战船首尾相连,紧密联系在一起罢了。其推断原因有二:

其一,曹操善于用兵,这是众所周知的,以曹操之谋略,不致弱智到将船只用铁链固定,他应该能够想到,若是船只固定,周瑜领兵来袭,那将处于非常被动的局面。

其二,假设果真是曹操将船只固定,那么后来的黄盖诈降一事就成了画蛇添足。曹操既是已经将船只固定,那孙吴直接火攻岂不是省事,为何还要冒着这么大的风险去施苦肉计,由此可见,孙吴直接实施火攻的条件还不具备,也就是说曹操并未把船只捆绑,孙吴尚不能一举将曹军歼灭,这才有了黄盖诈降以图近距离接近曹营。

一场一个愿打一个愿挨的苦肉计,在这种条件下上演。黄盖,字公覆,是零陵泉陵人(今湖南永州人),辅佐孙氏父子三代,在孙氏集团内可谓元老级人物。黄盖跟随孙氏南征北战,戎马半生,在孙氏集团有些威望,尤其是在火烧赤壁以后,威望如日中天,成为人人敬仰的英雄,但是在这光鲜的背后,黄盖有一番不同寻常的奋斗史。

据《三国志》记载,黄盖是南阳太守黄子廉之后,只是因年少丧父,家道中落,经历了一番苦日子,更懂得了吃得苦中苦,方为人上人的道理,少"有壮志,虽处贫贱,不自同于凡庸,常以负薪余闲,学书疏,讲兵事",困境之中,尤不忘志向,终究熟读各家经典,又研习兵家战略,文韬武略,无不齐全。

所谓乱世出英雄,在这乱世之中,但凡有些才华之人,均不愿辱没了自己,黄盖也不例外。黄盖因才华出众,被举为孝廉,入仕为官,担任地方郡吏,后因管理出众,被提拔为地方县令,成为一县之长官。

在东吴初崛起的孙坚，吸引了黄盖的注意，孙坚平叛乱，抗董卓，这为黄盖留下了深刻的印象。怀着赤诚之心，带着敬佩之意，黄盖放弃了县令职务，投奔了孙坚，跟随孙坚"南破山贼，北走董卓"，"擐甲周旋，蹈刃屠城"，战功卓越，忠心耿耿的黄盖，颇得孙氏赏识。

赤壁之战，孙刘联军初战告捷，但是面对气势汹汹的曹军，仍旧十分忌惮。眼见曹操开始训练水军，若是一味拖延战机，曹操水军训练有成，那时取胜的把握就更小了。所以，当务之急，就是主动出击，先下手为强。

如何破曹操，孙吴首领陷入沉思。这时，黄盖站了出来，面见大将军周瑜，谏言道："今寇众我寡，难与持久。然观操军船舰首尾相接，可烧而走也。"这火攻之策，确实妙，令周瑜不禁拍案叫绝。若这一计谋得逞，破曹操之日可待，周瑜喜不胜收，当即拍案赞同。

问题似乎不是想象中的那么简单，曹操虽将船只首尾相连，要靠近，施火攻之策，也实为不易。周瑜脸上高兴的神色片刻退去，取而代之一脸茫然，黄盖知周瑜心中所虑，便自告奋勇，以诈降投奔曹操，以得靠近曹操战船之机，"先书以曹公，欺以欲降"。

周瑜、黄盖二人商议半日，终得计谋，周瑜令黄盖写诈降信，送予曹操，以得曹操信任，一场针对曹操的计谋展开了。

## 周帅哥点火

魏吴争斗决雌雄，赤壁楼船扫地空。
烈火张天照云海，周瑜曾此破曹公。

——李白《咏赤壁》

在使者滴水不漏的回答下，曹操心中的疑虑已经去除了大半，黄盖投降之事十有八九已经被曹操确定为真事。此时的曹操虽然经历了赤壁初战的败绩，但其持续膨胀的激情未被冲灭。为实现他"山不厌高，水不厌深，周公吐哺，天下归心"的夙愿，曹操头脑持续高涨，久久无法冷却。正是这心中的狂躁，让其一步一步走入失败的深渊。

失败让人意志消沉而难以自拔，成功却往往让人深陷狂躁难以前进，不可一世的曹操，文韬武略，狡猾如狐狸，纵使如此，仍旧没有逃出这成功的后遗症，曹操止步了，狂躁的他终究是被一身的傲气变得飘飘然了，根基不稳，如何努力也是枉然。

　　就在曹操飘飘欲仙、无法自拔的时候，孙刘联军却扎稳了根基，走得虽慢，却够稳，一步一个脚印，将高高在上的曹操狠狠地绊了个跟头。灰头灰面的曹操吃了苦头，随手抓了个连自己都无法信服的借口，夹着尾巴逃回老家去了，曹操终于被江南的瓢泼大雨冲醒了。

　　这日，黄盖遭到周瑜毒打的消息一时之间传开来，消息很快传到了曹操的耳朵里，曹操抿嘴而笑，心中得意，黄盖扑向自己的怀抱确信无疑了。曹操志满意得，再看那江面布满的士卒，急切期待一场战争的到来，再一次的胜利正踯躅而来。

　　天气放晴了，这在江南实属不易，今日是个好天气，周瑜立于船头，感受着湿润的东南风，心情极其舒畅。一场战斗，决定生死的战斗就要拉开帷幕，尽管实力上与曹军相差悬殊，周瑜仍旧不乏信心。

　　今日不战，更待何时？想及此，周瑜不作迟疑，以黄盖为先锋，准备好十艘轻便的船只，里面满载着干草与膏油，然后用红色帷幕作遮掩，旌旗满布，甚为显眼。周瑜又令人预备了一批小船系于大船之后，以做好逃跑的准备。在东南风的吹拂下，黄盖率领水师，顺江而行，浩浩荡荡往乌林而去。

　　黄盖立于船头，眼神坚定，面无表情，沉默不语，心中却是犹如这波涛汹涌，七上八下。此战背负着江东的希望，这份重担就压在身上，成败就在这一举之间，江东的生死存亡无时无刻不在提醒着黄盖。看江中波涛滚滚，黄盖思绪万千，这一生经历了这么多，却从未有如今日这般心情沉重。

　　黄盖的船只距离曹军越来越近，曹操立于船上，威风凛凛，早望见有船只一步步靠近。手下小将见有船浩浩荡荡而来，紧急来报，不料曹操早就知晓，碰了一鼻子灰。众人见江中船只，不知是敌是友，有谋士劝曹操早早作好防备，曹操却一口断定，船只是来投诚的，也不作打算。曹操心中洋溢着喜悦之情。只等与黄盖能够尽早相见，然后杯酒尽余欢。

曹操见黄盖果真来降，喜上眉梢，黄盖越来越近，只有二里的距离了。曹操正准备率领部下前去迎接，却见那江中火光一片，船只尽被点燃，情况不明，曹军骚乱起来。曹操迟钝，却已经明白这其中缘故，无奈，全无准备，仓促应战。

装满干草与膏油的船只，借着东南风之气势，越烧越旺，犹如无人驾驭的马匹一般，横冲直撞而来，曹军慌乱，船只首尾相连，一时之间根本无法分散，被点燃的船只，一艘延及一艘，火光冲天，人声鼎沸，东吴水军的那种气势，怎能用一个"磅礴"二字可以描叙。

黄盖其后，周瑜率领水军跟随，锣鼓阵阵，江东将领个个意气风发，士气大振，而曹军慌不择路，一时之间不知道如何应对。曹操见形势大去，已经无法挽回，再也坚持不下去，当机立断，命令士卒点燃剩余战船，引兵从华容道步行后退。

屋漏偏逢连夜雨，曹操领兵后退，刚刚下过雨的道路泥泞，行军困难，曹操又令士卒将甘草铺于地上，方便行路，却耽误多时，而后方，周瑜与刘备联军水陆并举，一路追随曹军，这样一来曹军死伤众多，有一半之余。

曹操率领士卒往江陵方向而去，到江陵以后，曹操恐怕战争失利造成北方政局不稳，便马不停蹄往老家赶去。赤壁之战，以孙刘联军的胜利告终。

对刘备来说，赤壁之战之后，他迅速在荆州扩展自己的地盘，终于超过了他在徐州时期所占有的土地，这为刘备完成诸葛亮西进益州，三分天下有其一的战略目标铺平了道路。

对孙权来说，赤壁之战的胜利，让江东摆脱了一次严重的危机。为江东地区经济的开发与发展准备了充足的时间，更加巩固了孙家对于这一地区的统治。

总体说来，赤壁之战让曹操失去了统一南北的机会，终其一生，曹操也没有了了他的这一夙愿，孙刘联军的胜利，开创了三分天下的局面，一个崭新的时代诞生了。

# 第四章

## 进军益州：在别人的土地上写自己的发家史

### 怪我眼瞎看错了人

> 益州险塞，沃野千里，天府之土，高祖因之以成帝业。刘璋暗弱，张鲁在北，民殷国富而不知存恤，智能之士思得明君。
>
> ——诸葛亮《隆中对》

益州，是西汉时期开始设置的行政规划，其范围包括今天的四川盆地和汉中盆地一带。秦朝时，郡守李冰在此修建都江堰，所以益州属地又有天府之国之称。汉高祖刘邦据益州取得天下，三国时，诸葛亮作《隆中对》提及占益州而三分天下。刘备就在此建立蜀国，成就帝王之业。

刘备进入益州，得刘璋补给，实力大增，却惹恼了江东孙权。孙权邀刘备共取益州，被这位妹夫以礼信等一套冠冕堂皇的话拒绝，如今，刘备引军自进益州，无疑是在孙权心头燃起一把怒火。

汉献帝建安十八年（213年），刘备率领刘璋补给的部队，回转头来袭击刘璋，要塞白水关毫不费力即被刘备凭借白水关军队督统的身份取去。此时，成都，益州牧府，刘璋正在内室来回踱步，脸上布满仇恨与狰狞，他未曾想到，他所看中并资助的刘备竟然不顾信义反噬于他。

益州葭萌，刘备已经在此收买人心，保持实力一年有余了，依照手下谋士庞统等人的帮助,刘备广结当地贤士,摆出一副仁政爱民的架势,逐渐扎稳脚跟。刘璋授予刘备白水关督统的身份,令白水关诸将听命于刘备,这给予刘备相当的便利。刘备经常设宴款待白水关诸将,使白水关守将杨怀、高沛信服。刘璋"速攻张鲁"的托付,刘备一点都没办到,一年有余,没与张鲁大战一次,只是以各种理由向刘璋要求补助,刘备部下军队万人的给养,数目相当庞大,极大地增加了益州人民的负担。

刘备在葭萌,虽然未攻张鲁,但也不致掉过头来攻击刘璋,至少,刘备和刘璋还保持着表面的友好。但是建安十八年(213年),曹操率领步、骑军队号称四十万,第二次大规模的征讨江东,这件事间接加速了刘备和刘璋的交恶。

曹操再次征讨孙权,孙权派遣使者向刘备求援。此时,刘备还是孙权名义上的妹夫,碍于面子关系,刘备本想形式上地表示一下。可是,刘备转念一想,曹操大军征吴,往返途中路经荆州,若是孙权被打败,荆州就危险了。退一步说,曹操若是以攻打孙权为幌子,突然改为攻打荆州,荆州就更危险。通过赤壁之战后得出的经验,刘备已清楚孙权和自己是唇齿相依的关系,孙权不保,荆州这块肥肉也将很快会被曹操吞入腹中。刘备虽然不关心孙权的死活,却在乎他自己目前唯一的一块地盘——荆州。

刘备想向东进军,回援江东,守住荆州,但是,军队补给尽靠刘璋,刘璋交代的任务却尚未完成,刘备还得拿出一套好说辞。刘备派人告诉刘璋说:"曹公征吴,吴忧危急。孙氏与孤本为唇齿,又乐进在青泥与关羽相拒,今不往救羽,进必大克,转侵州界,其忧有甚于鲁。鲁自守之贼,不足虑也。"这段话的意思是说曹操征讨东吴,孙吴忧患危急,孙氏和我刘备是唇齿相依的关系,再加上乐进在青泥与关羽相持,如今不前去救援关羽,乐进一定大胜,得胜后转而侵扰益州边界,这种忧患超过了张鲁。而张鲁是个自保自守的贼寇,不值得忧虑。

明明是放心不下荆州,却偏偏要表现得处处为刘璋着想,说什么之所以回去救援关羽是为了乐进不得胜从而无法侵扰益州。刘备一方面将刘璋恐吓了一番，您要是不允许我回救关羽，关羽被乐进打败了，曹操军队就会借机侵扰益州，曹操的实力您是知道的，您对他的忧患想必超过张鲁吧。另一方面，刘备又宽慰刘璋，张鲁是个只知自保的贼寇，我就是回军向东，他也侵扰不了您，您不必为此忧虑。

刘璋又被刘备的满篇谎话骗住，同意了刘备回军东拒曹操的请求。但是，刘备不满足于此，他还向刘璋要求一万兵众及若干军用物资。刘璋虽然觉得刘备未曾给他扫平张鲁，如今又向他要兵要钱要粮，有所不妥，可是鉴于刘备是打着为益州安危着想的旗号，也不好意思拒绝，就仅将兵众数量打了折扣，物资减半，交给刘备。刘备未替刘璋办实事，却又平白获得四千兵众、众多物资，十分满意。

刘备遣使向刘璋要求回军东拒曹操的事情被张松知道了，张松就给刘备和法正写信，劝说刘备，"今大事垂可立，如何释此去乎！"刘备要回军荆州，张松立刻劝谏，可以看出，张松已完全将一片忠心托付给刘备。张松的哥哥是广汉太守张肃，张肃知道了张松给刘备写信的事，他害怕祸患殃及自己，就向刘璋告发张松的阴谋。

刘璋得悉张松密谋事刘备，心中很是痛苦。刘璋自知才干不足以守土，因此将仁德著于天下的刘备请进益州，指望刘备帮他攻打张鲁，抵御曹操，镇服蜀中诸将。刘备进入益州后，要兵给兵，要粮给粮，补养特别丰厚，可是刘备屯兵不前，暗地收服人心，还与张松秘密联系，原来图的是益州！刘璋认为刘备同为皇室一脉，值以托付大事，对待刘备可谓恩深义重，虽然这其中夹杂了利益的成分，但刘璋自认是对得起刘备的。然而，刘备，刘璋相信的人，以仁德信义著于天下的人，竟在背后筹划着如此巨大的阴谋。刘璋的内心煎熬不已，难以平静，更让他生气的是，益州别驾从事张松，自己身边的亲信、谋士，去卖主投敌。邀刘备进益州可是张松出的主意，张松蓄谋如此之久，刘璋却被蒙在鼓里，他实在难以忍受。

刘璋是个沉不住气的人，他并没有采取与刘备虚与委蛇，继续假装交好，暗中收拾刘备、张松的方法，而是选择将自己的心思摆在明处让人看。刘璋将张松逮捕斩杀，并下令给戍守白水关的诸将，不要给刘备发送文书与他联络通信。张松被刘璋斩杀，消息很快就传到刘备处，刘备知道刘璋已经得悉自己欲图益州，再好的掩饰也无济于事，再用仁义道德一类的话来欺骗刘璋来图谋更多的利益已经不可能了。刘备刚到益州时，法正、庞统等人劝他直接挟持刘璋，刘备一方面碍于仁义之名，另一方面害怕事情未成没有出手。可如今，刘璋已知悉事情的全部经过，面子既然已经撕破，刘备也就不再假装做作。刘备决定有所行动。

关于刘备开始正式与刘璋为敌的记述，《三国志》将它归结为刘璋斩杀张松，让刘备感受到威胁，与刘璋的矛盾开始形成，"于是璋收斩松，嫌隙始构矣"。其实，刘备与刘璋的矛盾早就有了，诸葛亮曾经为刘备写《隆中对》分析天下大势，将刘璋贬低了一番，称刘备应替代懦弱无能的刘璋取得益州，从而拥有三分天下，逐鹿中原的资本。刘备是曹操口中的天下英雄"今天下英雄，唯使君与操耳"，其志非小，自己也能看出益州的重要性。刘备要想取得益州，就必须驱逐刘璋，刘璋自己肯定是不会自动让位的。刘璋不愿让位，刘备要取得益州，这就是矛盾。矛盾从刘璋继位后，刘备要取得益州的那一天就开始了。只是，刘备一直将野心深藏在心里，而张松被斩杀这一事件，将刘备的野心激发出来，使矛盾彰显天下。

白水关的将领依照刘璋不与刘备联络的旨意行事。刘备借口此事，大发脾气，召见白水关军督杨怀，责备他对自己无礼，将杨怀斩杀。然后，刘备派遣黄忠、卓膺统兵杀向刘璋，刘备自己直接进入白水关内，以守卫白水关的刘璋将士的妻子为人质，领兵与黄忠、卓膺等人进军至涪城，占领了该城。"乃使黄忠、卓膺勒兵向璋。先主径至关中，质诸将并士卒妻子，引兵与忠、膺等进到涪，据其城。"

庞统在刘备驻守葭萌的时候，向刘备献策取益州，计分上、中、下三种。上策是，暗中挑选精兵，偷袭成都。刘璋缺乏军事才干，对刘备又没防备，如果大军突袭成都，就可以一举拿下益州；中策是，利用白水关守将杨怀、高沛对刘备英名的景仰，智擒二人，进而兼并白水关守军，回军攻取成都。下策是退守白帝城，联合荆州再慢慢为夺取益州做准备。刘备觉得中策更具可行性，也较为稳妥，他胜利占领涪城，正是靠的庞统提供的中策。

刘备既有张松做内应，又有庞统出谋划策，从而在益州扎稳跟脚，最后因为张松被斩杀，阴谋败露而与刘璋彻底决裂，并凭借刘璋提供的补给和授予的身份，顺利占领白水关，最终攻下涪城。可叹刘璋没有识人之明，才会被张松、法正蒙蔽，相信刘备。刘璋得悉刘备欲图取益州的阴谋，却不能沉住气，直接斩杀张松，使得刘备警惕，加速决裂的进程。刘璋既缺少才干，又少涵养，更有手下谋士的背叛，这大概是天意要让刘备取得益州。

## 凤落落凤坡

雒城外的一条小路，数千军队缓缓行进，当前一匹白色骏马，坐着一位神情倨傲之士。军队前行至一处坡前，突然路旁的杂草堆和乱树丛中万箭齐发，如雨而至，战马受伤，嘶鸣不已，就在一片惊呼声中，白色骏马上的倨傲之士身中数箭，跌下马去。汉献帝建安十九年（214年），刘备围雒城，谋士庞统死于流矢，时年三十六岁。

刘备顺利攻取涪城，继续向成都推进，沿途各地诸将望风而降。刘璋派出冷苞、张任、邓贤等将在涪县南抵御刘备，全被刘备军队打败，退守绵竹，刘璋又派李严、费观督统绵竹诸军，李严、费观却又率众投降刘备，刘备的军力得到进一步加强。刘备进而派出属下诸将平定益州下属各县，其他各县大多顺应形势，投降刘备，只有广汉县黄权闭城坚决抵抗。

益州从事郑度在听闻刘备起兵的时候，曾经对刘璋献计。郑度的计策十分毒辣，刘备听到郑度如此献计后，感到很是忧虑，向法正请教意见。法正在刘璋手下任职数年，对刘璋的性格捉摸得很清楚，宽慰刘备:"璋终不能用,无忧也。"刘璋的反应果然如法正所说,他并没有采取郑度的说法,《资治通鉴》上记载,刘璋对他的部下说:"吾闻拒敌以安民,未闻动民以避敌也。"刘璋认为,抵挡敌人以保护百姓才是正理,而迁徙百姓来躲避敌人,使得百姓不能安居乐业,这样做是不应该的。由刘璋的话可以判断,刘璋对待百姓还是很仁德的,这在天下安定之时是美德,在三国末期却成了刘璋的死穴。刘璋拒绝了郑度的建议,也失去了打败刘备、把刘备赶出益州的唯一机会。

绵竹告破后,刘备率领大军直抵雒城,开始了长达一年的雒城攻坚战。雒城是攻破成都的最后关卡。刘备若攻破雒城,成都便告危机。因此刘璋在雒城投下重本,当时守卫雒城的是刘璋的儿子刘循。刘循清楚,能否守住雒城直接关系到他是否能继承刘璋益州牧之位,因此守卫相当卖力,督促部下十分勤奋。辅助刘循守城的还有刘璋手下的名将张任。据史书记载"张任,蜀郡人,家世寒门,少有胆勇,有志节,仕州为从事"。

此时,雒城的形势相当严峻,可谓四面楚歌。刘备在率军攻打刘璋后,遣使要求诸葛亮入蜀支援。诸葛亮独留关羽镇守荆州,带赵云和张飞等一干猛将一起逆长江而上,平定沿途郡县。诸葛亮等人带领军队到达江州。在江州,张飞生擒巴西太守严颜,严颜坚贞不屈,拒不投降,张飞佩服严颜胆魄,以礼相待,严颜最终归附。此后,诸葛亮派遣赵云平定江阳、犍为,从南面迂回包抄成都,命张飞北上,平定巴西、德阳,同时防御汉中张鲁,诸葛亮自己则取道德阳直奔成都。益州各地军情吃紧,雒城若能挡住刘备的猛烈攻势,则能振奋益州军心;雒城如果挡不住刘备攻势,则成都破城之日指日可待。

刘备在雒城附近扎下营寨,经过缜密部署,向刘循和张任挑战,但张任深明兵法之要,他知此时,刘备刚成功取得涪城、绵竹等城池,手下部队士气正旺,现在还不是与刘备正面交锋的时候,因此,紧闭城门,坚守不出。雒城城墙高大,很难攀爬,对防守非常有利。且张任又派兵在城墙四面轮班严密防守,加固城池。刘备一时攻取不下,双方顿时形成对峙状态。在相持期间，刘备使用投石机、云梯等多种工程器具攻城，都被张任抵挡住，双方死伤惨重。

就在刘备攻取雒城数月不下之时，诸葛亮、张飞等人却进展迅速，攻营拔寨。法正借机给刘璋写了一封信，劝降刘璋。法正告诉刘璋："雒下虽有万兵，皆坏陈之卒，破军之将，若欲争一旦之战，则兵将势力，实不相当。"雒城的万人大军多数是败兵，士气低落，实在不能和刘备抗衡。法正将雒城的军队形容为败兵败将，接着又从粮食储备对比的角度来打击刘璋的信心，他写道，如果要根据粮草储备的多少来计算守城时间长短的话，那么刘将军一方营垒已经坚固，粮食储备已经充足，而刘璋这一方土地日益减少，百姓一天天陷入困境，后勤补给一天天困难。接着，法正又将诸葛亮、张飞等分三路进军练下巴东、犍为、资中、德阳的形势分析给刘璋听。总之，信中的内容全是彰显刘备一方神勇、刘璋一方衰颓，希望刘璋能够乖乖地出城纳降。

对于法正的劝降信，刘璋没有回应，他还在观望，雒城未破，刘璋还存着最后一丝希望。刘璋期待着刘备折羽雒城。

实际上，法正将雒城的士兵形容为被击溃的士兵，将雒城的将领形容为败退的将领未免过于夸大。刘备率领斗志昂扬的军队，进攻被击溃的士兵和被打败的将领，却仍连攻数月不下，这不但不能说明雒城士兵和将领的无能，反而证明他们是很有实力的。就在法正的劝降信发出不久，刘循和张任再次用事实回应，雒城的将领是优秀的将领，雒城的士兵是精锐之师。

刘备久攻雒城不下，心中焦虑，庞统为解刘备之忧，督军死战，就在又一次进攻雒城的攻城中，庞统被乱箭射杀，含恨身亡。"进攻雒县，统率众攻城，为流矢所中，卒，时年三十六岁"。庞统在刘备进军益州的过程中，为刘备提出不少好的建议，对刘备建立蜀国王朝居功至伟。只可惜号称"凤雏"的庞统，未能亲睹刘备取得益州，三分天下，英年早逝。刘备对于庞统的死感到非常痛心和惋惜，每提到庞统都止不住涕泪涟涟。"先主痛惜，言则流涕"。

《三国志》等著作中，没有庞统被乱箭射伤的详细细节。罗贯中却在《三国演义》中，将庞统的死写得精彩绝伦。《三国演义》中，记述诸葛亮观星预知不详，遣使告知刘备，刘备欲自回荆州，庞统认为诸葛亮怕他独得攻取益州的功劳，因此力阻刘备，刘备遂打消回荆州之意，同庞统率军攻取雒城，庞统让刘备行大路攻雒城，自取小路，在行军时，庞统所乘战马失足，刘备因此将自己所乘的卢马换与庞统。庞统取小路，行经落凤坡，自觉道号"凤雏"与地名相冲，急令退军，久久埋伏在此的张任见庞统所乘战马，以为是刘备，下令放箭，乱箭如雨，庞统退避不及，中箭身亡。庞统在落凤坡中箭身亡，凤落落凤坡，正应了该处地名。

　　《三国演义》属民间演义，庞统凤落落凤坡的记述未必属实，但是根据正史，庞统在攻取雒城时，中箭身亡是可以肯定的。庞统，与诸葛亮并称"卧龙凤雏"，在辅佐刘备攻取天下方面，尽其所能，是刘备的左膀右臂。庞统在奇谋方面更胜诸葛亮，庞统于雒城中箭而卒，对于刘备来说是巨大的损失，间接推迟了刘备建立蜀国王朝的进程。

　　而后刘璋投降，刘备占领成都，控制益州全境，实现了《隆中对》"跨有荆、益"的描述，刘备从此依据益州险塞，彻底摆脱东窜西逃，没有固定地盘的状况，并在这里开创了三分天下的局面。

# 第五章

## 败走麦城：出来混是要还的

### 老天爷都来帮忙

　　建安二十四年（219年）七月，刘备称汉中王。为了配合刘备在汉中的胜利，关羽于该月发兵攻打襄阳、樊城，意图给刘备称王送上一份厚礼。此次战役，史称"襄樊战役"，关羽水淹七军，降于禁，斩庞德，达到一生功业的高峰。

曹操在领兵亲征汉中、攻打刘备时，担心孙权在江东起事，威胁合肥，因此，驻扎不少兵力在淮南一带。曹操征汉中不利退回后，重兵驻扎淮南的格局仍未改变。曹操的军事部署并没有错，但驻守荆州的关羽决定抓住襄阳、樊城守兵不足的弱点，给荆州的曹操势力以致命一击。

关羽训练军队，准备征伐的当下，刘备自封汉中王的消息传来，久有攻打襄阳、樊城之意的关羽顿时坐不住了。关羽认为，刘备进封王位是件大事，而最好的礼物便是夺取襄阳、樊城。此时在樊城屯驻，主持大事的是征南将军曹仁。曹仁素有勇名，谋略突出，是曹操属下一员大将。他自征伐宛城侯音叛乱后，便又回驻樊城。曹操让曹仁镇守樊城的用意就是，盯住关羽，紧守襄阳，不让关羽有北进关中的机会，同时，选择合适时机夺取荆州。

曹操撤回汉中全部守军，又将重兵驻扎在淮南抵御孙权的进攻，荆州一带兵力便显得薄弱，而关羽在荆州经营数年，征收兵卒，训练军队，屯备粮草，实力雄厚，威名远扬。双方势力对比，关羽军强，曹仁军弱。曹仁没有想到，久久没有大动作的关羽，恰恰会选择刘备进封汉中王的时机攻打樊城及襄阳。

建安二十四年（219年）七月，关羽趁孙权大举进攻江淮一线，牵制魏国大量兵力之际，于江陵出发，率领水陆两军三万余人并进，企图以优势兵力迅速夺取襄阳与樊城。此时，樊城与襄阳的全部兵力仅万余人，一时，襄阳一线告急的报告如雪花般向邺城飞去。

曹仁在樊城奋力抵御月余后，曹操派出大将于禁率七军来援。于禁抵达樊城后，襄阳一线的曹操军队士气顿时大振。

于禁是曹军名将，与张辽、乐进、张郃、徐晃并受曹操器重。据史书记载，曹操每次征伐，轮换着用于禁等人做进攻时的先锋，退兵时的后卫。由于于禁屡建奇功，治军严谨，素有威信，曹操对他的期望很深。曹操派于禁支援曹仁，守卫樊城、襄阳之际，于禁官拜左将军、假节钺。

得到支援后的曹仁兵力大增，有了与关羽对抗的勇气，不再只死守城墙，而是展开寓进攻于防守之中的战略部署。当时，曹仁军中还有一员猛将庞德，曹仁便让于禁和庞德一起屯扎在距樊城北约十里的平地上，与襄、樊两城成掎角之势。

庞德原是马腾部下，曾斩杀郭援，击败张白骑，战功显赫。他每次战斗时，都是身先士卒，冲锋陷阵，勇冠三军。曹操平定汉中后，庞德投降曹操，曹操因他骁勇善战，任命庞德为立义将军，封关门亭侯。侯音等人反叛时，庞德和曹仁一起攻打宛城，最后又随曹仁入驻樊城。

庞德虽然以骁勇闻名，却受樊城众将的怀疑。原因在于，庞德有复杂的社会关系。庞德本人是曹操部属，他有一位堂兄却在蜀国任职。在关羽率领大军围城之际，庞德就因为他堂哥的原因而被樊城的将领猜忌多回。古语有云"三人成虎"，面对猜疑，庞德不得不多次表达自己的一片忠心。

事实上，庞德表忠心，并不仅仅是口头说说，他也确实是如此做的。在与关羽作战之际，庞德常亲骑一匹白马，披坚执锐，勇猛冲锋，他武艺高强，关羽属下军队阵型数次被他冲散，挡其锋锐者，死伤甚重。庞德的英勇表现，深深震慑了关羽大军。为此，关羽军中纷纷传言，樊城有一位骑着白马的将军，所向披靡，是关将军的劲敌。传言传得多了，庞德就多了个外号，关羽军中都把他叫作白马将军，对他十分畏惧。后来，庞德挺身迎战关羽，双方交锋数十回合，难分胜败，关羽心中暗暗吃惊，而庞德激战良久，假装败退，引得关羽来追，返身一箭，正中关羽额头，所幸，庞德激战后稍微失了准头，少了力度，关羽才受伤不重。经此一战，庞德名声益显，而樊城诸将也渐渐信服。

却说仅是庞德一人，关羽都力战不下，更毋庸提及多了于禁的帮助。于禁身经百战，经验丰富，排兵布阵娴熟，处败军之际尚能从容整顿部队。此次于禁临危受命，援助曹仁，面对天下闻名的关羽，更是谨慎。于禁在樊城外十里之处，部署得法，军容整齐。关羽在巡视的时候，见到于禁的营地，都不由感叹："于禁诚乃名将，樊城恐难得矣！"

关羽没能在短期内攻克樊城，战争逐渐处于胶着的状态。于禁来援后，关羽已无军力上的优势，攻取樊城益发艰难。此时的关羽，既未能得到刘备方面的援军，又担心孙权乘机夺取江陵，不敢调动后方兵力，颇显无奈。

刘备进位汉中王后，拜关羽为前将军，居于众将之首。关羽其人，虽既有勇力，又有谋略，却极其自负。他自认为，连黄忠这样的老将都在定军山中斩杀夏侯渊，自己若不能立大功一件，以贺刘备进位之喜，实在是平生之耻。因此，关羽虽未能在襄阳、樊城取得突破，却也并不退却。然而，就在关羽没有能力再夺取襄阳和樊城之际，老天爷帮了关羽一把，让关羽得享胜利的无限荣耀。

曹仁、于禁等人久居北方，初到荆州不久，不了解当地的自然情况，只懂加强陆防，在船只的配备上未下功夫。至于关羽，久驻荆州，十分明了该地的自然状况和气候情况，因此，在领兵攻伐襄阳和樊城时，还带有较大规模的水军。关羽带过来的船只，在他夺取樊城的战役中起了重要作用，这一切都源于荆州突来的一场持续数天的特大暴雨。

于禁和庞德率领大军驻扎在距樊城约十里的平地后，小雨突至。对于这场骤然来临的雨，于禁还是显现出一名优秀将领的判断力，他担心军队受降水的影响，还特意将军队带到稍高的地方驻扎。然而，于禁没有想到的是，这场雨陡然间演变成特大暴雨，并最终终结了他的军队和他多年累积的盛名。

这年秋天，樊城一带连降大雨，天空仿佛裂出一道大缺口，暴雨如泼，倾泻而下。大雨连下十余日，丝毫不见有停歇的迹象。整个天空都被浓密的乌云遮得严严实实，而豆大的雨珠连绵不绝成雨柱而下，持续地敲击着早被雨水浸得饱和的土壤，凝成一股股巨流，流入汉水。

汉水的河面延宽以里计，骤涨的江水波涛汹涌，怒吼着向前，最终冲垮了汉水边的堤岸。于是，肆虐的洪水再无顾忌，将整个樊城及周边淹为一片泽国。

平地水深数丈，于禁等七军缺乏船只，都被洪水淹没。最后，迫于无奈，于禁仅带领麾下将领数人登上高处躲避。泛滥的洪水夹杂雨水，将万名曹军卷入水中，四处可见到快要溺死的士兵挣扎着扑腾的身躯。

就在于禁等人狼狈不堪、垂首待死之际，关羽捋着胡须笑了。关羽带有充足的船只，他并不畏惧滔天洪水。相反，此时，正是关羽扫清敌寇的最好机会。于是，关羽得意扬扬地带领士兵乘着大船，攻击在洪水中挣扎无助的士兵，并进而直取在高处躲避洪水的于禁等将领。于禁在高处观察水势，只见没有地方可容残余军队容身，自知再无机会取胜，又见关羽袭来，为了保命，便投降了关羽。

威名赫赫的于禁在自然的威力和关羽的夹击下投降了，然而，庞德却毅然决然地挑起于禁留下的重担，他领着部分将领和士兵在未坍陷的堤坝上继续坚拒关羽。关羽站在船头，命令士兵乘大船将堤坝团团围住，用弓箭射击。而庞德也身披铠甲手执弓箭在堤坝上回击，他一支支地取着箭囊中的箭，怀着无尽的愤慨射出，箭无虚发。力战良久，将军董衡、部曲将董超等人都想投降关羽，庞德指挥士兵将他们都抓起来杀掉。

庞德从天亮战到午后，关羽的进攻越来越猛烈，而庞德的箭矢都已用尽，只能和抢登上堤的敌人短兵相接。最后水势越来越大，庞德身边的将士都投降了。庞德迫于形势，带着将领一人、五伯二人，拿着兵器，乘小船准备返回曹仁大营。由于水势浩大，庞德乘坐的小船被掀翻，兵器都丢失在水中，庞德只好抱着船漂泊在水中。

漂在水中的庞德很快被关羽逮到。庞德虽然浑身是水，狼狈不堪地被关羽擒获，却仍然拒绝在关羽面前下跪，坚挺着身子。关羽想利用庞德哥哥的关系劝降庞德，庞德大骂道："竖子，何谓降也！魏王带甲百万，威震天下。汝刘备庸才耳，岂能敌邪！我宁为国家鬼，不为贼将也。"关羽听了庞德的话大怒，便打消了劝降的主意，命令部下杀了庞德。

天降大雨，给了关羽莫大的帮助。于禁七军被淹，关羽借势降于禁，斩庞德，并挥师直进，再围樊城、襄阳。

## 不晃悠的徐晃

关羽率领三万余大军将樊城团团围住，樊城的曹仁几乎是在作着最后的抵抗，曹操派去支援的于禁七军尽数被淹，有去无回。年迈的曹操感到无尽的苦恼，从樊城的情况分析，曹仁已支撑不了多久，如何在最短的时间内，召集最近的部队，让最得力的将领统领，尽量解救樊城之围呢？在卧室内的曹操眉头紧锁，拖着疲惫的身子，来回踱步。

卧室中无限焦躁的曹操突然灵光一闪，一个人的名字进入他的脑中，紧锁的眉头也渐渐舒展，原本佝偻着的身躯也陡然挺立起来。对，徐晃，就是徐晃！曹操兴奋地拍起了巴掌，迅速地叫来侍者，发出了一道军令，命徐晃见令即刻从宛城出发，开拔樊城，解曹仁之围。

宛城，平寇将军徐晃正在军营巡视，检查军备、粮草情况，他刚收到魏王的命令，即将开赴樊城。在曹操最初出兵汉中，准备增援夏侯渊时，曾派徐晃驻屯宛城援助曹仁准备对关羽发起攻击，却没有想到关羽反而先把曹仁给包围了。

徐晃也是曹操手下一员名将，领兵作战的能力极为杰出。军令如山，救人之事不可拖延。所以，徐晃带着五六千士卒向樊城迅速推进。快到樊城时，徐晃从探子口中得知关羽兵力刚收容于禁败退下来的几万降卒，兵力是己方的数倍，自觉暂无能力解樊城之围，如果贸然推进，不仅救不了曹仁，还会把自己手下的几千士兵一起报销，于是打消和关羽硬碰硬的作战方法，决定采用智计。

就在徐晃带领士兵推进到阳陵陂之际，关羽分出一支前哨部队驻扎郾城拦截徐晃。遭到关羽军队阻拦的徐晃部队无法再前进，便在郾城停顿下来。徐晃军刚至，又采用掩人耳目的方法，关羽派来拦截的部队一时无法估计徐晃军的详细数量。徐晃便趁着敌方不知底细的良机，领兵陡然通过隐秘的小径围困了郾城，并挖掘了一道长壕。徐晃挖掘长壕的方法甚是管用，郾城的关羽军以为徐晃军要截断他们的后路，担心孤军被围，会落得全歼的下场，便烧毁营盘，连夜退走。

略用小计，徐晃便轻松占领郾城。在郾城稍事休息，徐晃又率领军队向前推进。徐晃行事谨慎，所带兵力有限，考虑在其他救兵未至的情况下，凭着手下些微军队难以击退关羽，就逐渐放慢推进的速度，在距樊城包围圈不远的地方停下，准备徐图良策。然而，徐晃的做法被部下诸将误解，他们认为徐晃眼看樊城危机，却按兵不动，不尽力救援，辜负国恩。于是，怀着这种想法的将领们呼叫着责备徐晃，催促他赶紧去救曹仁。

徐晃一天被责备催促数次，实在是有苦难言。就在徐晃犯难的时刻，曹操派去的一名使者发挥了重要作用，他发表了一番言论迅速地稳定了徐晃军中诸将之心，使得徐晃摆脱了背负不救曹仁骂名的窘迫，这个人就是赵俨。

赵俨是文官，此时担任侍郎之职。曹操派他协助曹仁，和徐晃的军队一起行军。徐晃虽然是名优秀的武将，但口才不济，而赵俨作为一名文官，在鼓动人心方面经验丰富。前线杀敌，最忌军心不稳。于是，安定徐晃军中诸将的重任就这样落在赵俨头上。

在一次集体军事会议上，赵俨以特别参谋的身份庄重出场了。他对责备徐晃不战的将领们展开了心理攻势。军中诸将听了赵俨的话，都觉得分析得入情入理，本想表示同意，但又担心曹操治军严厉，万一樊城失守，曹操到时会追究救援不力的责任，都面露犹疑之色。赵俨仔细观察诸将的脸色，心中明白诸将所忧为何，用凝重的眼神扫视一番诸将，然后大声补充道："如有缓救之戮，余为诸君当之。"

赵俨是曹操从中央派来的使者，他的话具有一定的权威性。既然赵俨亲口表示假如有迟缓不发救兵之罪，他一人替大家担当，那还担心什么呢？于是，徐晃属下众将都十分高兴，面露喜色，齐声叫好。

经过赵俨一番话，军中诸将统一了思想，徐晃终于可以放心地实施他的谋略。这时的徐晃，摆脱军中"不救曹仁"的骂名，精神为之一振。他宴饮部下后，便挥师直进，扫除沿途障碍，直抵樊城之下。

徐晃扎稳脚跟后，一面抵挡关羽的进攻，一面挖地道通向樊城内，试图与曹仁交流，同时，徐晃不时派遣勇士避开关羽军的监视射箭书进樊城。徐晃的办法有了成效，樊城内的曹仁及守军见了徐晃的书信，士气大振，平添若干守城的信心，双方用挖地道和射箭书进行联络。

曹操自派出徐晃作为先锋，就近先解樊城燃眉之急后，虽然由于了解徐晃的能力而稍为放心，但曹操明白，徐晃属下仅有几千兵力，难以应付关羽的数万大军。曹操之所以不等各方军队到位、实力足够时再行出兵，便是因为樊城形势过于严峻。因此曹操并不指望徐晃依靠几千士兵来个惊天逆转，打败关羽。曹操的想法是，先让徐晃拖住关羽，不让关羽集中全力攻击樊城，从而为后续部队增援赢取时间。

徐晃抵达樊城后不久，曹操便又派出数支增援部队，源源不断地开往樊城。而这些部队到达樊城前线后，统一归徐晃指挥。得到支援后的徐晃，实力增强，兵力足够，便有了与关羽打对抗战的勇气。徐晃表示，将在几天内击败关羽。

徐晃在短期内击败关羽的豪气并非凭空而发，在与关羽对峙等待援兵的几天里，徐晃已经详细地分析了关羽的军事部署，并已做好充分的准备。徐晃遗憾的仅仅是兵力不够。如今，曹操派来的援兵不断开来，徐晃业已具备与关羽对抗的实力，行动的时刻到了。

时值孙权写信给曹操，希望曹操允许他攻打关羽，为朝廷效力，曹操经过反复思考，觉得将此消息泄露出去，能解樊城之围，便下令徐晃将孙权的手书抄录多份用箭射入樊城内和关羽军营之中。关羽得知，暗暗心惊，攻势有所松懈。与此相反，樊城内是一片欢呼雀跃的景象。关羽虽然担心孙权攻击江陵，但自负武力，不愿轻舍樊城，并不离去。

关羽不愿走，徐晃下定决心用实力和智谋逼迫关羽撤围。当时关羽率领主力部队驻扎在围头，而剩余部队则屯扎在四冢。徐晃假意放言即将进攻围头，关羽闻更是加强围头的防备，而四冢的防御则趋于松懈。徐晃见关羽受骗后，秘密地率领部队猛烈地攻打四冢，四冢兵力薄弱，抵挡徐晃的攻击十分吃力。四冢危急的情报送抵关羽之手，关羽才发现上当，关羽心急，便亲自带兵援助四冢。

关羽在樊城围城良久，四周围有十重战壕及鹿角，只余一条道路通往军营，而该条路上防备十分严密，难以攻击。徐晃早就注意到关羽的防御设施非常完善，关羽凭借严密的防护就可立于不败之地。因此，徐晃一直思索着怎样想办法将关羽引出防护圈作战，可惜无论徐晃如何引诱，关羽就是不出。此次，徐晃声东击西，终于将关羽引出，他怎肯放弃机会。

关羽带领五千兵马尚未抵达四冢，就中了徐晃的埋伏。关羽厮杀半日，伤亡甚重，而徐晃又亲领大军加重围困。关羽见势不妙，引兵退走，沿途坠马者亦有不少。徐晃见关羽中计，本自暗中得意，不料关羽不顾勇将之名，便要退去，顿觉一惊。

十重鹿角、堑壕，进攻极其不易，关羽此次中计，退进防御圈内，更会坚守不出，则樊城之围难解。徐晃在脑中略一盘算，盯着前方败走的关羽军马蹄溅起的扬尘，挥鞭直指前方，果断地喊出一声"追"，提马便走，万余大军紧跟其后。

喊杀声、马蹄声盈满樊城外。关羽逃跑的速度很快，不久便来到自家军营前。关羽本想吩咐将士关闭营门，奈何徐晃追击的速度也不慢，一直紧随在其身后，双方兵马一前一后进了关羽军营，关闭营门再也来不及。徐晃就这样冲破了关羽对樊城的包围圈，敌人就在眼前，唯一的作战方式就是短兵相接。顿时，震天的厮杀声充斥了整片天空，曹仁在樊城内闻得呐喊，见到城外厮杀的壮烈景象，心中大喜，自知破围之日已到，高喊出城迎战，领着城中残余士兵也投入了战斗。

关羽久攻樊城不下，心中狂傲之意去了大半，如今又刚遇败仗，心神恍惚间却被徐晃攻进包围圈，遭受内外夹击，逐渐抵挡不住。战斗中，投降关羽的傅方、胡修都被杀死。眼看再无夺取樊城的机会，关羽只好撤围退却。而徐晃和曹仁乘胜追杀，大败关羽，不少蜀军兵士无路可逃，跳入沔水被淹死。

徐晃斗智斗勇，击败关羽，拯救了樊城，为此，曹操特意下令嘉奖。曹操认为，"且樊、襄阳之在围，过于莒、即墨，将军之功，逾孙武、穰苴"。曹操夸奖徐晃的功劳超过了古代名将孙武、司马穰苴，由此可见，曹操对徐晃在襄樊战役中的表现的满意程度。

## 这回彻底栽了

孙权君臣定下骄兵之计，而关羽还蒙在鼓里，关羽将吕蒙等人的示弱看成理所当然，逐步放松南郡的防备。就在关羽最为大意的时候，吕蒙终于出手了。建安二十四年（219年），沿长江一途，突然多出若干条商船，船上的人有着共同特点，都是穿着白衣服。这些正是吕蒙属下伪装的军队。

吕蒙自明确向孙权表示想要攻取关羽后，暗中准备，表面不露神色。据《三国志》记载，吕蒙自接替死去的鲁肃，驻兵陆口，不仅没有显现出半点与关羽作对的样子，反而加倍与关羽发展亲密友好的关系。吕蒙以书信等多种方式向关羽表示，我们主公与刘备是老朋友了，我虽接替鲁肃，但不会改变双方交好的一贯政策，只有曹操是我们的共同敌人。

对于吕蒙示好的举动，关羽看在眼里，因此，他虽然对孙吴军队有所提防，但并不过分担心。关羽未能看出，吕蒙不与他作对，仅仅是因为还未到合适的时机。

关羽攻樊城后，后方兵力防备薄弱，吕蒙觉得机会来了，才诈病而还。陆逊接受孙权的任命，迅速抵达陆口，接替吕蒙作麻痹关羽的后续工作。关羽作为久经沙场的名将，虽然忙于樊城战事，却并没有忽视江东的动向。陆逊接替吕蒙驻防陆口的消息很快便传到关羽手中。陆逊，仅仅是一名青年将领，未曾听闻有过任何杰出战绩，却代替声名显著的吕蒙把守陆口如此紧要之处，关羽一时搞不清孙权的用意。

其时，徐晃等曹军来援，关羽进攻樊城进入僵持状态，为了应对多出的敌人，关羽急需更多的兵力补充。然而，吕蒙以养病之名回建业，关羽仍不敢掉以轻心。他虽然有着调动荆州后方守军围攻樊城、襄阳的心思，却还是害怕孙权陡然间发动攻击，占领江陵，因此，迟迟不发布调用南郡一带守军赴前线支援的命令。

关羽不动用荆州的后备守军，却急坏了刚任新职的陆逊。陆逊在被孙权召回建业的时候，聆听了孙权和吕蒙的计谋，他十分明了自己赴陆口就任的目的。荆州经过关羽多年经营，防备设施十分完善，此外，关羽又留下众多兵力守护，孙权如果派军强行攻取，势必伤亡过大。要想不费吹灰之力地占领江陵，唯有让关羽放心地将守军调往樊城。陆逊的工作就是，进一步松懈关羽的防备心理，使关羽安心地调出大部守军。

为了实现孙权顺利夺取江陵的目的，陆逊决定立刻开展行动。事实证明，陆逊虽然年轻，却见识高明，谋略深远。因为，他仅仅用一封信就搞定了关羽。

陆逊在陆口，没有展现丝毫新将领上任的魄力，既不整顿军务，也不安抚吏民。陆逊做的第一件事就是给关羽写信。陆逊的这封信文采斐然，显得很像书生。信中主要有四部分内容：第一部分：吹捧关羽，赞颂关羽的赫赫功绩。这部分主要是说关将军观察细致，治军有方，在樊城之战中以小规模的行动获得重大胜利，实在是太了不起了，您的功绩简直连白起、韩信都无法比拟；第二部分：向关羽表示祝贺。陆逊表示，关将军您取得樊城大捷，威震华夏，江东这边听了您的喜讯无不欢呼雀跃，拍手称快；第三部分：陆逊故意贬低自己，借以抬高关羽。陆逊指出，我陆逊是个不智之人，十分愚钝，只会看点书，说两句空话，却不知道为什么被主公派到陆口重镇驻防。接着陆逊话锋一转,陆口与关将军您的驻地毗邻,我向来仰慕关将军的风采,正好可以趁着这个机会向您好好学习,还请您多多指教,希望能够领受您高明的谋略;第四部分:陆逊对关羽表示关切,假装提醒。陆逊提出,曹操是个狡猾的敌人,一定会因失败愤恨而增兵,虽然曹军刚打了败仗,但毕竟还有些优秀的将领。通常在获胜后,容易产生轻敌思想,希望将军您能够克制这种观念,更加小心谨慎,以便取得更为辉煌的胜利。

陆逊的行动讯息早由关羽派驻荆州的耳目报送过来,关羽对陆逊无所作为很是轻视。如今,关羽又接到陆逊的书信,顿时觉得十分安心。信中,陆逊的言辞十分谦恭,关羽戴着陆逊扣的高帽子感觉很是舒坦,他感觉陆逊在信中一片好意,还提醒我小心曹操,完全是我们自己人的模样嘛。对于向我表示依附的人来说,还有什么值得提防的呢?关羽飘飘然地想着。

吕蒙示好,陆逊示弱,逐渐骄纵的关羽警惕性慢慢消失。他就像一只被投入温水中的青蛙,觉得全身无一个毛孔不畅快,却浑然不觉水温正在慢慢升高。终于,迷失自我的关羽对孙权不再有所戒备,将防守荆州的军队一批批地调入樊城支援。

关羽的言行被陆逊一一记录,尽数报告给孙权。同时,陆逊还指出能够擒获关羽的要诀。温水就快变沸,关羽的死期将至。到时,呈现在关羽面前的,不会再是孙权君臣谦恭的面容,而将是闪闪发光、高举待发的屠刀。

荆州地界的守军被关羽撤走大半,此时,正是孙权进军荆州的最好时机。然而,孙权稍有犹疑,刘备与孙权虽然仅是表面交好,可孙权到底不愿亲手破坏二人之间的联盟,只有找到充分的理由才好发兵进击。恰在此时,关羽又因他的傲慢无礼为孙权攻取荆州提供了一个良好的借口。

据《资治通鉴》记载,关羽在樊城一战,接受于禁等人的降军数万人,粮食不足,军队断粮。被骄傲冲昏头脑的关羽不与孙权商量,便擅自取用孙权屯放在湘关的粮米。瞧关羽的举动，仿若拿自家粮草一般，心安理得。关羽擅取孙权粮米的行为，既激怒了孙权，又为孙权攻取江陵提供了充足的理由。

预谋良久的孙权下令，派兵袭击关羽。孙权的部署是，吕蒙担任统帅，征虏将军为后援，直取荆州。驻扎在陆口的陆逊也没闲着，被孙权任命为先锋，攻占宜都，再取房陵、南乡等地。

吕蒙领兵进取荆州，欲夺南郡。他抵达寻阳后，把精锐士卒都埋伏在大船中，并让平民百姓站在船头摇橹，穿上白衣服，扮成商人模样，昼夜兼程赶路，历史上把这件事称为"白衣渡江"。在行军的路上，凡是碰到关羽设在江边的巡逻哨所，吕蒙就命部下把那里的官兵都关押起来。吕蒙的行动相当隐秘，设置的岗哨又被毁，因此，关羽对吕蒙进军南郡的事情一无所知。

关羽为人一向自傲，他驻扎在荆州之时，侮辱过不少将领。南郡太守糜芳屯兵江陵，将军士仁扎于公安，他们都对关羽轻视自己十分不满。自从关羽出兵樊城后，糜芳、士仁担负供给军粮物资的任务，不能完全做到及时。关羽因为此事，破口大骂道"还当治之"。关羽位高权重，他亲口说出"回来再整治你们"的话，糜芳和士仁都恐惧不安。

吕蒙知晓糜芳、士仁与关羽不睦之事，在抵达南郡后，便派遣使者引诱糜芳、士仁投降。糜芳和士仁眼见吕蒙兵力雄厚，凭自己些许守兵难以抵挡，又畏于关羽的恐吓，就一起投降了吕蒙。

吕蒙不费一兵一卒占领江陵后，放了被囚禁的于禁，俘虏了关羽及其将士们的家属。吕蒙的想法是，凭借关羽及其将士的亲属，动摇关羽的军心。因此，吕蒙下令，抚慰被捉的俘虏，不得骚扰百姓和向百姓索取财物。吕蒙帐下的亲兵，与吕蒙是同乡，从百姓家中拿了一个斗笠遮盖官府的铠甲，都被吕蒙以破坏军法的缘故杀掉。一时，军中震恐，南郡道不拾遗。此外，吕蒙为了收复南郡人心，还在早晨和晚间派亲信抚恤老人，给病人送去医药，赐予饥寒之人以粮食和衣服。

关羽最后在樊城被徐晃军击退,又闻得南郡失守,心中惶惶,引兵南撤。在撤退的过程中,关羽多次派使者与吕蒙联系,而吕蒙则利用机会,厚待关羽的使者,允许他在城中到处走动。吕蒙善待俘虏的工作做得很到位,南郡家家户户向关羽使者反映的都是吕蒙好的一面。使者返回关羽军后,关羽的部署私下里向他询问家中情况,得知家属平安,所受对待超过以前,便都无心再战。

关羽眼见部下毫无斗志,自知江陵难以取回,很是沮丧。偏巧孙权又在这时候率领大部队抵达江陵。关羽对比双方实力,见自身势孤力穷,就逃往麦城。逃到麦城后,孙权派人诱降他。关羽伪装投降,把幡旗做成人像立在城墙上,然后逃遁。此时的关羽,英雄日暮,仓皇窜逃,士兵在逃跑的过程中都跑散了,留在他身边的只有十余名骑兵。

孙权早已料到关羽会逃走,事先命令朱然、潘璋切断关羽的去路,建安二十四年(219年),潘璋手下的司马马忠在章乡擒获关羽及其儿子关平。孙权气愤关羽傲慢无礼,江东众将皆知,潘璋等人邀功心切,斩杀关羽。一代名将,就此划下生命的句号。

关羽被杀,孙权全得荆州,心情舒畅,大封功臣。论及功劳,吕蒙居功至伟,该年,孙权任命吕蒙为南郡太守,封孱陵侯,赐钱一亿,黄金五百金,可谓恩宠有加。然而,孙权的封爵还没有颁下,就碰上吕蒙疾病发作。

此时的吕蒙,已成为孙权的栋梁之臣。孙权心中清楚,吕蒙多病,却不顾残弱之躯,亲讨关羽,再次为他孙氏江山立下不朽功业。如此忠臣,孙权绝对不愿让他死!孙权当时住在公安,特意把吕蒙安置在他处内殿中,千方百计为吕蒙治病。

吕蒙病情严重,治病中不时需要用到针灸。孙权为吕蒙遭受病痛的折磨而感到伤心难过,既想经常观察吕蒙的状况,又担心会劳动吕蒙起身迎接累着他。为此,孙权特意在墙壁上开一小孔,以便看到吕蒙的情况。吕蒙若能吃下饭食,孙权就感到很高兴,有说有笑;吕蒙若难以进食，孙权便会唉声叹气，不能入睡。

尽管孙权是如此疼惜他的爱臣，吕蒙终究还是因病情逐渐加重去世。吕蒙死时，年仅四十二岁。孙权哀伤上天过早夺去了吕蒙的生命，未能让吕蒙发挥才干继续辅佐他，悲痛得日渐消瘦。

关羽一生战功显赫，名扬天下，却因为骄傲自负，好大喜功而失去性命。吕蒙以病弱之躯，实现终身的愿望，为孙权扫清关羽的威胁，达到个人名望的顶峰，却因为病重去世。刘备和孙权同年失去大将，各自的遗憾可想而知。

# 第六章

## 各自登位：再见吧汉朝

### 我爸爸的就是我的

汉献帝建安二十五年（220年），一代枭雄曹操的生命走到尽头，于正月在洛阳驾崩。曹操的文治武功均极其出色，他的逝世对于魏国夺取天下的未竟事业无疑是巨大损失。一时间，军队骚动，人心不稳。能否顺利继承曹操之位，安定天下，曹丕面临巨大的考验。

建安二十四年（219年）十月，曹操于洛阳驰援樊城曹仁，驻军摩陂。不久后，樊城围解，曹操回师洛阳。次年正月，曹操抵达洛阳。

曹操患有偏头疼，且年已老迈，病痛甚多。为了解救曹仁，曹操不顾孱弱的身躯，抱病亲征，远途跋涉，又感风寒，终于病倒。到洛阳后，曹操再也无法支撑劳累的身体，只好就地休养。倒于病榻之上的曹操，形容枯槁，两眼混浊，头顶的白发无力地趴在脑门。很难想象，如此颓落的一位老人，就是当年叱咤风云、扬鞭跃马、驰骋千里的曹操。

随军大臣虽然竭尽全力请来名医为曹操医治，然而，曹操的身体还是江河日下，再难救治了。最初，曹操尚能略进饮食，吃下一点米饭，到最后，曹操已到饮食难进的地步，只能勉强吞下些许流质食物。病中的曹操时常昏迷，醒来却又喃喃自语。有一次，曹操精神稍微好转，便强撑着身子召见大臣，询问孙权和刘备的近况，仅仅聊过数句，便黯然垂首，摆手吩咐大臣退下。

　　此时的曹操尚且念念不忘统一天下的大业，他不放心曹丕，只想为儿子留下最为稳固的江山。可是，曹操的身体已经不允许他再操劳军国大事了。这位老人，凭借着最后一股勇气，试图和无情的病魔抗争。

　　正月二十二日夜，精神日趋颓靡的曹操突然焕发生机，脸上现出很久未见的雄霸之气，话也能说得清楚，病情似乎有了起色。在曹操内室侍奉的小黄门对此感到十分惊喜。曹操脸上也换上难得的微笑，示意他召谏议大夫贾逵等人晋见。小黄门兴奋地跑出去传达曹操的命令，贾逵等大臣很快来到曹操的寝宫。

　　久病成医，被病魔折磨得不成人形的曹操自知，上天突然赐予的精神仅仅是回光返照而已。到了嘱托后事的时候了，曹操想着，这才召见贾逵等人。见到贾逵等大臣，曹操挣扎着坐起，略微摆手，示意他们不用多礼。

　　曹操的话说得很慢，然而很是清晰，他在尽量节省着仅余的能量。贾逵等人垂首在侧，静静地听着。

　　曹操的声音越来越低，说得越来越缓慢，一番话说完，仿若用尽全身的力气，默然良久，眉头紧缩，好像在思索着什么。贾逵的轻呼将曹操唤醒，曹操努力睁大双眼，仔细地看了看贾逵他们，却不说一句话，陡然间徐徐地挥挥手，示意他们出去，然后慢慢地向后躺下。贾逵忙扶曹操躺到床上，和其他大臣一齐告退。

　　正月二十三日，早晨，曹操嘱托后事后不久，一条惊人的消息从寝宫传出，魏王驾崩了！曹操终究还是没能战胜病魔，怀着无尽遗憾离开了他曾奋斗过的世界。

当曹操在洛阳驾崩的消息传到邺城的时候，太子曹丕恸哭不已。曹丕面对父亲的死，难以接受。为此，中庶子司马孚劝谏他要以国事为重。司马孚的一番话彻底点醒了曹丕。孙权和刘备久有野心，很有可能趁父亲死去之机出兵伐取中原，而魏国失去君主，正处于一片混乱之中，身为太子还不立刻站出来主持大局，那么很有可能天下易主。

曹丕决定暂忍哀伤，召集百官商议大事。可是，摆在曹丕眼前的是一副烂摊子，群臣刚刚听到曹操去世的消息，相聚痛哭，场面十分混乱。此时，司马孚再次挺身而出，司马孚的喊叫并未起到多大作用，曹丕只好命令群臣退出朝堂，安排好宫廷警卫，处理曹操的丧事。

在朝野内外混乱不堪的情况下，一个权威的女人站了出来，给予曹丕以有力的支持，她就是曹丕的母亲，魏王后卞夫人。

曹操去世后不久，得到卞氏支持的曹丕，为免人心不稳，危及社稷，决定立刻继位魏王。于是，曹丕在一天之内，召集百官，安排礼仪，准备妥当。次日，卞氏以魏王后的身份，拜曹丕为魏王，继承曹操之位。曹丕继承魏王之职，天下很快安定下来。而汉献帝也下达诏书，承认了曹丕的合法身份。

曹操生性多疑，看人准确，并且懂得知人善任，不会埋没人才。军事上谋略周全，应战沉着。赏罚上，曹操对有功之臣，不吝千金，而对违背法规之人则依法惩处。正因为曹操拥有种种优秀才干，他才能够消灭同样有野心的诸侯。

至于曹丕，据史书记载，少有逸才，阅读广泛，年仅八岁便能为文。在文学上，他是三国时期著名的文学家及诗人。在历练上，他在建安十六年（217年）时便担任副丞相，协助曹操处理政务，也算经验丰富。在政治谋略方面，曹丕依托司马懿等优秀谋臣的帮助，战胜曹植取得继承权，显现出政治家的成熟风度。于武艺一途，曹丕鞍马娴熟，习于骑射，曾用甘蔗代剑战胜将军邓展，可见一斑。

总体而言，曹丕能文能武，拥有政治家的杰出素养，他代替曹操执政，可谓子承父业。初登魏王之位的曹丕，暂时摒弃失父的哀伤，逐步放手施展胸中抱负。如何扫清异己，稳固王位，便是曹丕眼前的第一件大事。

## 只有皇叔是正牌

刘备一直自称中山靖王刘胜之后，以汉宗室成员自居，历年来，刘备南征北战打的旗号都是振兴汉室。曹丕代汉自立的消息传到蜀地，坊间纷传汉献帝被害。此时，年过六旬的刘备又该如何面对呢？他的臣子们替刘备选择了一条道路，称帝，延续汉朝正统。

刘备已经年过六旬，垂垂老矣。听闻坊间汉献帝被杀的传言，刘备心中的确怀着悲痛，然而，刘备心中还夹杂着一丝欣喜。悲痛夹杂欣喜，这是十分复杂的一种情绪，可在刘备身上却并不矛盾。自起事起刘备便一直宣传自己是中山靖王的后代，他凭借汉宗室的合法身份，收拢了一班文臣武将，逐渐建立起自己的根据地。在群雄割据、逐鹿中原的混乱年代里，谁不想称天子？然而汉朝尚在，献帝犹存，大家都不敢公然违背道义，唯恐遭致天下围攻。袁术称帝不得善终就是明证。即使曹操这般英雄的人物，虽将汉献帝作为傀儡玩弄二十余年，却仍不敢代汉自立。

然而如今，曹丕以不正当的手段逼迫汉献帝禅让，并毒害汉献帝的流言遍起，这对于刘备来说恰是个好机会。刘备的地位日趋稳固，又晋爵汉中王，他未曾不想过称帝。可是，刘备如同曹操一样，不敢。

但是，传闻汉献帝已经被毒害，情况就大不相同了。刘备打的旗号是拥护汉室，并不是拥护某一个皇帝，汉献帝之所以得到刘备的支持，只是因为他是汉室的代表罢了。现在既然汉献帝被曹丕杀害，刘备正可以借机引申拥护汉室的含义，再举出一名新代表，继承汉朝正统。

刘备隐约觉得，他自己征战多年，天下闻名，又是中山靖王之后，似乎也可以成为汉室的新代表，荣登帝位。只是，这话，刘备不好说出口。聪明的臣子总是善于分析形势，揣测主公的心思。于是，刘备虽然没说出他要称帝，底下的百官却忙活开了。刘备手下的臣子们清楚，刘备如果在曹丕代汉的时刻称帝，最合适不过，而他们也将随着刘备身份的变化，加官晋爵。如此划算之事，何乐而不为呢？于是，在诸葛亮等人的操持下，安排刘备称帝的部署逐渐展开。

益州各地陡然间到处都有祥瑞，每天都不断有人向朝廷报告某处又出现祥瑞之象。这样的报告连续不断，以至于刘备看着都觉得有点腻烦。

武阳赤水出现黄龙，持续九天才消失，而龙是君主的象征；襄阳汉水下游又出现玉玺神光，这代表着汉中王要继承汉朝的龙脉；火星开始追随岁星，这样神奇的现象符合《星经》的记载，各种邪恶都会消失……各种各样的祥瑞报告不断呈送到成都，这些报告虽然内容不一，结果却都是一样，上天显示，刘备应该进位称帝。继祥瑞现象不断涌现，社会各界纷纷分析，这是因为汉中王刘备圣明贤德，上天才出现吉祥之兆后，百官开始正式上表，请求刘备称帝。

为了表示刘备称帝是人心所向，众望所归。上表的大臣分批上表。议郎阳泉侯刘豹、青衣侯向举、偏将军黄权、治中从事杨洪等人首先上书。这些人经过一番论证，推导出结论，云气的出现预示着会有圣明的君主兴起于一周，从而实现汉室中兴。然后，这些大臣又对为何不早上表说明祥瑞征兆作出一番解释，"时许帝尚存，故群下不敢漏言"。经过前面的铺垫后，劝进表进入正题，既然汉献帝已经被害，汉中王您就应该应天道顺民心，迅速登帝位，以安定天下。

不久后，太傅许靖、军师将军诸葛亮、太常赖恭等人再次上书，劝说刘备称帝。书中，许靖等人表示曹丕篡位杀君，挟持迫害忠良，残暴无道，人神共愤。在对曹丕进行一番抹黑后，许靖等人指出曹丕的种种行为，不得人心，因此，天下百姓全都思念刘氏。

刘备看到群臣的上表，心里美滋滋的。表中的他，既具有高大英伟的仪表，又具有非凡的军事才干，"仁覆积德，爱人好士"，天下之士皆已归附。这么完美的一个人，刘备自己都有点不认识了，但是，只要能登上帝位,无论说辞怎样,刘备都是能够认同的。此时的刘备,年过花甲,按照当时的平均寿命来算,已属长寿之人,不过把皇帝瘾,只怕再没有机会了。

就在刘备君臣齐心,准备登基大典的时候,前部司马费诗却跳出来表示反对。费诗遵照礼节,给刘备上书,将刘备拥护汉室的口号和他要称帝的行为对比,暗讽刘备此举表里不一,将引起天下人的猜忌。按说费诗的所说显然已经有点过火了,然而,他还有更狠的招在后面。

就在一片赞美声萦绕着刘备之际,突然冒出费诗这么刺耳的批驳声,刘备实在难以接受。费诗表现得简直比刘备还忠于汉室,这让仁义卓于天下的刘备感到颜面尽失。此时的刘备称帝之心已定,他容不得费诗的反对意见,便将费诗贬为州部永昌从事。

刘备以汉室忠臣自居,故曹丕代汉后,刘备仍沿用建安年号。建安二十六年(221年)四月,刘备在成都武担山南举行称帝仪式。称帝仪式结束后,刘备定国号为蜀,改建安二十六年为章武元年,以诸葛亮为丞相,许靖为司徒,设置百官,建立宗庙,祭祀自汉高祖以下的历代祖先。

从曹丕才代汉自立到刘备得到消息,几个月的时间,刘备却没有验证汉献帝是否真的被曹丕毒害,却忙碌着制造祥瑞,继承所谓汉朝正统。从这点便可以看出,刘备是何居心。

刘备以汉朝正统自居,延续汉室家业,却未能得到天下的认同。就连司马光都发表评论,认为刘备自称的中山靖王之后的身份,历时过久,难以认证,对他的所谓继承汉朝正统不敢苟同。然而,三国乱世,有能者居上,比起怯懦无能的汉献帝,也许刘备更称得上英雄。因此,刘备建立蜀国的行为,见仁见智,却也难以得到统一的观点。

## 兄弟都死了,我也不想活了

孙权攻取荆州,杀害关羽父子,刘备的愤怒难以言表,无论是念及兄弟之情,还是考虑政治利益,刘备都要伐吴。只是,称帝大典暂时拖住了刘备冲动的步伐。建立蜀国后的刘备，彻底解除羁绊，此刻的他，恰如一头怒火冲天的公牛，作出人生中最为错误的决定，倾全国之兵讨伐孙权。

当关羽败走麦城，后被孙权杀害的消息传到成都的时候，刘备难以抑住眼眶中的泪水。几十年的风雨征程，历经生死，关羽却在初尝荣耀后不久就此死去，刘备实在难以接受。

对于关羽，刘备有着很深的感情，史书记载，刘备与关羽、张飞三人"食则同桌，寝则同床"。刘备自起事以来，依仗关羽的骁勇，兄弟同心，终于取得成功。当年，关羽放弃曹操授予的高官厚禄，重投刘备帐下，刘备便在心中重重地许下承诺，我若能成大事，必让你十倍荣耀于前。

而如今，刘备极其信赖、欣赏的关羽，却被孙权帐下不知名的小将斩掉首级。孙权要是光明正大地杀掉关羽也就罢了，而他却是在关羽与曹操军团奋战，不加防备时，偷偷地从背后捅了最厉害的一刀，袭取了荆州，断掉关羽的后路。这口气，刘备实在无法咽下。刘备决定为关羽报仇，讨伐孙权。

此前，刘备被称帝的事情拖住，无法腾出手准备讨伐事宜。因此，大臣们都以为刘备将要讨伐孙权的话仅仅是气话。然而，当刘备完成登基大典正式在朝堂之上提出要攻打东吴时，群臣都震惊了。

诸葛亮首先站出委婉地向刘备表示反对。诸葛亮认为，孙权虽然取得荆州，但碍于曹魏势力雄厚，不会再有危及蜀国的举动。如果刘备现在出兵讨伐孙权，则会陷入缠斗无法自拔，彻底断裂孙刘联盟，曹丕要是在这时候乘机攻击蜀国，那可太危险了。然而刘备下定决心，坚定地拒绝了诸葛亮的提议。

就在刘备发布军令，调集军队，筹备粮草，即将攻打东吴的时候。又传来一条令刘备心痛的消息，张飞被杀。

张飞英勇善战，雄壮威武不减关羽，但是在性格方面，张飞与关羽稍有不同。关羽关心士兵，对士大夫不屑一顾；张飞很尊敬士大夫，但不关心士兵。刘备要征讨孙权,他命令张飞率兵一万人从阆中出发,与刘备大军在江州会合。张飞在发兵前,因琐事责打帐下将领张达、范强,并怒称还要重罚。张达和范强畏于责罚,私下商议,决定杀死张飞,投降孙权。于是,这两人乘张飞睡觉时,割下张飞的头颅,顺长江而下向孙权邀功请赏。

张飞的死,仿佛在刘备心头再次狠狠插上一刀。张飞虽然是因为暴虐寡恩而被部下杀害,但愤怒到极点的刘备已经不考虑这些了,他将害死张飞的这笔账算到了孙权头上。

蜀汉章武元年(221年)七月,刘备几乎尽出益州之师,亲自统帅大军进攻孙权。沿途军队络绎不绝,江东震动。

孙权并不想和刘备作战,他看得出来刘备这次是玩命。在孙权眼中,利益才是最为重要的。他取荆州,就是畏惧关羽声威,害怕刘备势力过于强大。如今,孙权已经夺得荆州,暂时不用考虑刘备的威胁,便将目光再次转移到曹魏身上。孙权认为,与刘备比起来,曹丕才是最可怕的敌人。经过反复思量的孙权决定,尽量避免与刘备的这场不必要的战争,求和!

在东吴,诸葛亮的亲兄长诸葛瑾担任重职,又和刘备很是熟悉。派遣求和的使者,诸葛瑾最合适不过。于是,南郡太守诸葛瑾给刘备写信道:"陛下以关羽之亲,何如先帝?荆州大小,孰与海内?俱应仇疾,谁当先后?若审此数,易于反掌矣。"

诸葛瑾把刘备当聪明人,和刘备玩起了一套选择权的把戏。信中隐含的深意是,刘备你不要因为顾及和关羽的感情,而忽视了振兴汉室的大义,你应该继承先帝的旗帜,不要为了荆州蝇头小利而与孙权起争端,忽视天下大业。况且,即使你把孙权看成十恶不赦的敌人,那么你最先的仇人曹魏又该摆在什么位置呢。

诸葛瑾帮着刘备分析了一番,接着把选择权交到刘备手中。诸葛瑾以为,刘备看了他的信,就会明智地选择停止作战,转而谈判。奈何,两个爱将被杀,荆州被夺,气愤到极点的刘备根本不吃他这一套,置之不理。孙权几次求和遭拒，只好做好与刘备大战的准备。既然战争已经不可避免，孙权便开始规划如何降低伤亡，增加胜利的概率。

由于害怕曹丕在刘备攻击荆州的时候从合肥出兵南下直取濡须口，从而陷入两线作战的困境，孙权经过慎重考虑，不顾自己的身份，向晚辈曹丕请降。

魏黄初二年（221年）八月，孙权派使者向魏称臣，还奉还了曾经俘虏的兵士。朝廷诸臣都非常高兴。刘晔却劝谏曹丕不要接受孙权的请降，他指出，孙权之所以向魏投降，是由于刘备率领大军讨伐他的缘故，孙权害怕我们乘机进攻，所以才献上土地请求归附。我们在这个时候应该大举出兵，和蜀国内外夹击，灭了东吴。但是，曹丕认为，孙权远道投降称臣，如果去讨伐他的话，会使天下愿意归附魏国的人产生疑心，便拒绝了刘晔的建议。此后，曹丕加封孙权为吴王。

刘备带领大军，进军神速，而孙权占领的巫县、秭归一带亦处于高度备状态。战火硝烟弥漫，最终，三国时期著名的"夷陵之战"以蜀国兵败而结束。

## 第三卷

# 司马之路：坚持和谋略一样重要

# 第一章

## 孔明北伐：我要对得起刘先生

### 我要我的中原

诸葛亮在刘备逝世后，受托辅助后主刘禅，无论内政，无论外交，凡事均躬身力行，使得夷陵之战大败后的蜀国国力渐渐恢复。后南征孟获，平定了南方乱事，至此，蜀国内部和外部环境已平静许多，诸葛亮观北伐时机已然成熟，遂上书《出师表》，驻扎汉中，准备北伐。

此时诸葛亮领兵驻扎汉中，与众将商讨如何用兵。站立一旁的魏延向诸葛亮提出了一个建议："欲请兵万人，与亮异道会于潼关，如韩信故事。"（《三国志·蜀书·魏延传》）也就是说，魏延向诸葛请兵，准许自己以轻装兵快速出子午谷达长安，然后迅速东进夺取潼关等险要，与出兵斜谷的诸葛大军会合，凭潼关、武关等险要，直接夺取关中，从而拒魏军于关外。

《三国志》里魏延的这个计划其战略性是一举拿下关中，为复兴汉家王朝做准备。魏延果然如虎狼，不是指其经后人演绎出的反骨，而是其体内充盈着冒险的血性，兵出子午谷是险招，毕竟子午谷和斜谷都是险道，倘若蜀兵一慢，魏国那边防御工作又做得很好，那么两军的会合只怕连实现的机会都没有，最终落得被魏军——击破的下场。只是，魏延兵出险招也是有道理的，如果凭借潼关、武关等天险守御关中成功，那么关中便将成为蜀军可靠的补给基地，从而令诸葛亮无比头疼的粮草问题也将无忧。

然而诸葛亮天性谨慎,他不喜欢魏延这种妄想一步到达的险棋。当年关羽冒险北伐,虽留下水淹七军的战绩,却也致使后方空虚,被东吴乘虚而入,因此诸葛亮更喜欢慢慢地来、稳稳地来,所以他驳回了魏延的提议,向将领们提出了自己的计划:令将领赵云、邓芝率一支部队到箕谷,假装要取道斜谷攻打郿城。将魏军的眼光吸引到其上,然后自己经由坦道攻取陇右,从而切断魏关中与河西地区的联系,为进一步攻取关中和河西打下基础。诸葛亮的战略眼光是远而稳的,其短期计划看似十拿九稳,然而汉中到陇右的运输线过长,难以支撑长期的作战,兼之陇右并非天然的防御基地,所以最后失守陇右的可能性很大,那么诸葛亮的北伐也就无功而返了。

两相比较之下,魏延的计划虽然险,然而倘若成功,那么光复汉室的计划可以说已经完成了一半。而诸葛亮的计划虽然稳,然而即便成功夺取陇西,诸葛亮都要为一条长战线而绞尽脑汁。由此看来,魏延的计划并不比诸葛亮差,然而当时统军的是诸葛亮,他既然已想好自己认为是十全九美的计划,而魏延的提议又不合他的口味,因此蜀军的进军还是由诸葛亮说了算,因此魏延时常"谓亮为怯,叹恨己才用之不尽"(《三国志·蜀书·魏延传》)。

北伐就这样按照诸葛亮的计划开始了。大军分两路出发,诸葛亮自领蜀兵主力直达陇右一带。当时陇右天水郡郡守马遵正带着其部下数人随雍州刺史郭淮在各地视察,忽闻蜀军已兵至祁山,诸县响应。郭淮得知消息后,立即决定东行,回上邽守备。马遵想到自己的治所冀县在极其偏西之处,恐怕官吏百姓也望风而降,遂想跟郭淮一起东行。这时,马遵旁边就有人劝他了:"明府当还冀。"(《三国志·蜀书·姜维传》)

这劝说的人名唤姜维,字伯约,汉献帝建安七年(202年)生于天水郡冀县(今甘肃甘谷东南),自幼和母亲一起生活,喜好当时的大家郑玄的学说,父亲以郡功曹身份战死疆场,故姜维得一中郎小官,参与管理郡守的军事工作。然而畏惧如马遵,见诸葛大军兵至,连县都不敢回了，于是他怒斥姜维："卿诸人复信，皆贼也。"（《三国志·蜀书·姜维传》）姜维无可奈何，只好看着马遵自去，自己和几个将领回到冀县。县民见姜维回来，大喜，纷纷推举姜维去见诸葛亮，于是诸葛亮在此收下了他日后的军事继承人姜维。至此，诸葛亮大军所至，收降了陇右的南安、天水和安定三郡，陇右五郡（陇西、南安、天水、广魏和安定）收了三郡，消息传到魏国，曹魏那边是朝野恐惧。魏明帝一得到战报，急忙率领大军救援，亲自到长安坐镇，派出大将军曹真督军至郿县防御赵云、张郃率军五万前往抵抗诸葛亮。

另一战线，赵云、邓芝占据了箕谷，作为疑军为诸葛大军攻取陇右争取时间。魏国得知诸葛亮有兵出箕谷，果然上了他的声东击西之当，派出了大将军曹真率领大军阻挡。赵云所领兵弱，面对曹真大军自然抵抗不了，因此很快便兵败下来，失利于箕谷。所幸赵云身经百战，随即聚拢部队固守箕谷，才没有造成太大的损失。

赵云此战中不负诸葛亮重望，以小兵力成功牵制住曹魏的大军，为诸葛亮在陇右的战争顺利展开创造了条件。如果说诸葛亮的这招类似田忌赛马，以己弱对敌强的招数为自己出祁山取陇右提供了理论上的可能，那么赵云则是在实战上真正确保了这个理论的可行性。

战事至此，蜀军一方仍然掌握了战争的主动权和优势。虽然如此，诸葛亮也不敢放松，他一听闻曹叡亲自到长安坐镇，大将曹真和张郃领兵前来御敌，知道又有一场苦仗要打了。箕谷这边有老将赵云牵制着曹真，用不着诸葛亮过于担心。至于对于冲着自己来的张郃军队，诸葛亮就要费点脑筋了。

当时蜀国有一个地方名叫街亭，是关陇大地的咽喉之地，其所处位置是一个绝佳的战略要地。视野开阔，交通方便，地势险要。所以街亭的战略地位十分重要，是历代兵家必争之地。当时魏延领兵在前，诸葛亮领兵在后，两军的咽喉之地便是街亭。诸葛亮自也明白张郃是有勇有谋的大将，因此他当时就料想张郃必定出兵街亭，企图切断魏延和诸葛亮的联系，所以他必须派出一个将领去守住街亭这个军事重地。诸葛亮防守街亭的想法是正确的，可是将领的选择却令人不得不惋叹诸葛亮的眼光。纵观部下将领，也就是实战丰富的魏延算是最佳人选，"时有宿将魏延、吴壹等，论者皆言以为宜令为先锋"（《三国志·蜀书·马良传》），然而诸葛亮放弃了这个曾经被刘备以汉中托之的大将，找了一个从未上过战场的马谡。谨慎如诸葛亮，却作出如此大胆的决定，是他对马谡过于相信，还是对自己过于自信？

诸葛亮派出了马谡作为主将，领副将王平前往街亭设防。同时，诸葛亮命令高翔将军率领一支军队屯驻在临渭以北、街亭以南的列柳城，其目的是为了防备雍州刺史郭淮配合张郃的进攻，从临渭发起进攻。

马谡首次用兵，兴奋激动地接过诸葛亮的兵权，往街亭大踏步而去了。

## 马谡失街亭，孔明唱空城

诸葛亮不顾部下的议论，以马谡为先锋，令王平为副将，命其火速前往街亭防守。马谡接过兵权，感激诸葛亮对自己的看重，誓要为诸葛亮死守街亭。可惜，面对敌方大将张郃，没有实战经验的马谡则显得太嫩了。

马谡，字幼常，襄阳宜城（今湖北宜城南），是马良之弟。史称马谡"才器过人"，好论军计，诸葛亮由是对他倍加器重，经常引见谈论，自昼达夜，便是被称为蜀国四英之一的蒋琬也称赞马谡是"智计之士"。然而刘备似乎对这个人不是很喜欢，就在刘备逝世前，他对诸葛亮说过这样一句话："马谡言过其实，不可大用，君其察之！"（《三国志·蜀书·马良传》）只是诸葛亮对马谡的器重却使他忽略了将死之人的善语，而马谡的言过其实最后也果然让刘备给预言中了。

街亭在祁山之北，北临渭水。渭水之北便是张郃部队来袭之处。诸葛亮的本意是安排马谡凭借渭水之险与北面越过陇山而来的张郃周旋，等待从前方北面退回的魏延，双方对张郃形成南北夹击，一举而败之，张郃若败，陇右唾手可得。可是马谡实在自大，居然异想天开，放弃诸葛亮的安排，不去坚守渭水，让出了渭水和祁山之间的大片平地，然后退至后面的祁山上防守。

王平见马谡如此安排，大惊，急往见马谡，一再劝阻马谡依渭水而守。王平对马谡提出街亭的情况，说"街亭一无水源，二无粮道，若魏军围困街亭，切断水源，断绝粮道，蜀军则不战自溃"。然而马谡自视丞相重视，不顾王平的劝阻，他死记教条，以为兵居高处则可对战局一览无余，以为这样可以将战争的主动权紧紧地握在手里，却不懂得具体问题具体分析。如果张郃强行渡过渭水，驻扎在渭水与祁山之间，切断马谡的兵马在祁山上的供水，这样不但自己的部队可以脱身，也可以将马谡部队困在祁山之上。

而张郃也确实这样做了，成功地将马谡的兵马困于祁山。马谡现在在祁山之上进退两难，没有水源，蜀军在山上极渴难耐，出现内乱之事也就在情理之中了。马谡见军队因缺水而军心涣散。不战自乱，知道局势已经无法挽回，只得弃军逃亡。张郃见马谡军兵败逃，急忙乘胜攻击，蜀军已乱，至此冲击，几乎全军覆灭。

王平见马谡所统军队全军败逃，唯自己所领本部千余人，明显对抗不了张郃。因此王平以虚张声势之计，使得张郃疑蜀军前有伏兵，因此不敢往前追击。王平这才慢慢集合分散的军队，向诸葛亮大军处缓缓而退。

街亭就这样失守了，马谡此时在逃亡期间真当羞愧万分。不说守不住街亭一事，如若他不自作聪明，舍水上山，那么历史将改写。可是他竟然不听安排，自大地按照自己的想法行事，致使后人对他的失败有话可说，非但为自己戴上了"纸上谈兵"的嘲讽帽子，还回报了十分器重他的诸葛亮一个重重的巴掌。

街亭失守了，消息传到诸葛亮耳中，诸葛亮如受重击。面对街亭失守，"前无所据"的尴尬处境，诸葛亮深知此次北伐很难成功了。此时，又传来列柳城高翔军队被魏军郭淮所击破，再回看箕谷赵云也抵抗不了曹真大军的军势。至此，蜀军已经失掉了所有有利形势，无奈之下，诸葛亮也只好引兵退回汉中。

在退兵途中，诸葛亮见唯有箕谷一军退兵时编制之整齐一如出军之时，因此他询问邓芝这是如何做到的。邓芝回答诸葛亮说，是因为有赵云将军亲自断后，因此编制整齐，军资遗失甚少。诸葛亮于是下令将军中多余的绢布分给赵云部队将士，然而赵云拒绝受赏，他认为军事失利不宜受赏，请求诸葛亮先将物资储存起来，等到冬天再发给大家。赵云之品行如此，实在令人赞赏。蜀建兴七年（229年），一代英将赵云病逝，受封为顺平侯。

诸葛亮退回汉中后，自知引领大军北伐却无功而返，实在有愧于蜀国上下，兼之街亭的失守虽直接归咎于马谡，实际追究起来，自己在用人方面的失误应该负有最大的责任。因此诸葛亮回汉中后第一件事就是上表向后主陈述自己的过错，随后自贬三级，赵云亦贬为镇军将军，王平因有进谏而被提拔。而对于临阵逃脱、弃士兵于不顾的马谡，虽则诸葛亮仍对其器重，但为严守军令，也只得按军法处置，将其斩杀。

对于诸葛亮斩马谡一事，裴松之引《襄阳记》注《三国志》是这样记载的："十万之众为垂涕。亮自临祭，待其遗孤若平生。"后世艺术家以这短短几句，大展想象之能力，对其进行了精彩的文学渲染，因此留下了脍炙人口的"诸葛亮挥泪斩马谡"。当然，文学不可当真，而关于诸葛亮斩马谡的史实记载，非但和艺术作品相差甚远，甚至它本身之模糊性都不足以使它成为一个完整的故事。

在《三国志·蜀书·向朗传》里有记载，当时向朗作为丞相长史，和马谡向来交好，因此，"谡逃亡，朗知情不举，亮恨之，免官还成都"。这段记载明显表明了当时街亭失守后，马谡并没有主动投案自首，相反地，他畏罪潜逃了！而向朗是知道马谡跑去哪里的，却知情不报，因此被诸葛亮免职了。

而在《三国志·蜀书·马良传》里，裴松之注引《襄阳记》中说了，马谡在其临死前曾写信给诸葛亮，说"明公视谡犹子，谡视明公犹父，愿深惟殪鲧兴禹之义，使平生之交不亏于此，谡虽死无恨于黄壤也"。这一段说明了一点，便是马谡在临死前都未曾与诸葛亮见过面聊过天，否则哪需要写这样一封信呢？回观《三国志·蜀书·马良传》里关于马谡之死的记载是这样的：谡下狱物故。物故，即是病死。可见马谡是病死于狱中的，而他在死之前甚至未能与诸葛亮见一次面。

可是，我们看到《三国志·蜀书·诸葛亮传》里说诸葛亮"戮谡以谢众"。而《三国志·蜀书·王平传》里更记载了："丞相亮即诛马谡及将军张休、李盛。"这里又明确了马谡是被诸葛亮以军法处置而死。那么马谡到底是怎么死的？若要对两处的记载做到不偏不倚，那么我们可以得到一个结论，即是马谡逃亡后被捕抓回狱中，因其在防守街亭的任务中失利，导致北伐大军兵败而归，所以诸葛亮便准备以军法处置他。然而诸葛亮还没来得及处刑，马谡早已病死于狱中了。而后，诸葛亮观马谡之遗书，心中大动，便为之亲自祭奠，并且留下了怜恤之泪，引得十万之众感动于丞相的用情，遂也随着泪流而下。

不管马谡是怎么死的，诸葛亮颇惜马谡之死却是真的。马谡此人虽然因一时自大而失守街亭，却也不能一概而否定之。当初诸葛亮南征孟获时，马谡提出的"攻心为上"便是一个极佳的策略，如若马谡得以多经历几场实战，那成为诸葛亮的军事继承者也不是不可能的。兼之蜀国当时的人才资源有所欠缺，因此马谡之死，无论对于诸葛亮，还是对于蜀国都不得不说是一个大的损失，无怪乎诸葛亮要含着眼泪下达军令了。

诸葛亮第一次出兵祁山，本可以大获全胜，可惜，前锋马谡不听裨将军王平的规劝，大军在街亭败在了张郃手下，死伤惨重。司马懿得知，也乘势率领大军十五万向诸葛亮所在的西城小城蜂拥而来。

当时诸葛亮身边没有大将，只有一班文官，他所带领的五千士兵，也有一半运粮草去了，只剩一半士兵留守城池。众人听到司马懿前来的消息都大惊失色。诸葛亮登城楼观望后，对众人说："大家不要惊慌，我有对付司马懿的办法。"

诸葛亮下令把找到的能飘起来的旗子都挂出来，然后又下令打开东南西北四个城门，士兵都躲起来，只剩几十名士兵打扮成百姓模样，沿街打扫。诸葛亮自己穿上大袍子，头戴上高纶巾，带上一张木琴，领上两个小书童，就在城上望敌楼前坐下来，静心弹琴。

尘土自远处飞扬而至，夹杂着司马懿得意忘形的笑声，今天可是他成就功业的最好时机。诸葛亮成了光杆司令，想到他马上就会成了自己的战俘，无论是谁都会高兴得冲杀在最前面。

司马懿第一个冲到城下，见了大开城门的气势，大惊道："这怎么可能？"便勒马刹车，不敢轻易入城，抬头却看见诸葛亮端坐在城楼上，正在笑容可掬地弹琴。右面一个书童，手里捧着拂尘；左面一个书童，手里握着宝剑，脸上都是怡然自得的神情。城门内外，二十多个百姓模样的人在洒水扫地，旁若无人。

这俨然是一座空城！但是仿佛蕴含着巨大的杀机！

司马懿观察半天后下了这个判断，便令后军改作前军，快速撤退。他的二儿子司马昭说："父亲怎么不攻进去试试？说不定是诸葛亮那厮城中无兵，故意弄出这个样子来骗我们！"

司马懿说："诸葛亮一生谨慎，怎肯冒险。现在城门大开，里面必有埋伏，我们要是进去了，正好中了他的圈套。还是快撤吧！一会追兵出来了死得更惨！"各路兵马一听说，都使出了吃奶的力气回撤，争先恐后，生怕死得最惨的那个是自己。

一刹那，西城又恢复了平静。诸葛亮擦拭脸颊的汗水，感叹狡猾的司马懿错过了一个大好机会。

## 最后的北伐

魏青龙二年（234年），诸葛亮开始了他最后一次北伐，这一次北伐为诸葛亮鞠躬尽瘁的精神画龙点睛，从而画上了一个精彩的句点。

诸葛亮第四次北伐虽取得大胜，然而终究因为李严的从中作乱不得已而退兵，在排挤了异己势力之后，诸葛亮的首要任务再次落在了北伐上。然而频繁出兵，便是国力再强大也终有被掏尽的一天，因此诸葛亮不得不选择休养生息。这一休养就是三年，这三年，诸葛亮见蜀国国力在渐渐回升，而自己的身体却一日不比一日，因此，他不能再等了。魏青龙二年（234年）春天，诸葛亮率领大军兵出斜谷口，同时给了孙权一封书信，表明其北伐之心，并请求其从东吴进攻魏国，共吞曹魏。孙权承应了诸葛亮的请求，答应其会出兵曹魏。诸葛亮得到孙权的响应后，继续领兵北进，于四月来到了魏国郿县，扎营于渭水南安的五丈原（今陕西眉县西南）。

魏国方面，司马懿一听说诸葛亮再次来犯，急忙领兵前往阻挡。此时司马懿部下的将领皆认为应该在渭水以北与诸葛亮隔水相持，然而司马懿不这么认为，他说："百姓积聚皆在渭南，此必争之地也。"因此立即率领军队渡过渭水，沿岸设点阻击。司马懿在分析了形势后，对诸将说："亮若勇者，当出武功依山而东，若西上五丈原，则诸军无事矣。"（《晋书·宣帝纪》）后来司马懿得知诸葛亮果然上五丈原时，魏将无一不感到欣喜，仿佛胜利已经在望了。

当时诸葛亮第四次北伐退军时，司马懿就判定诸葛亮再出兵时，"当求野战，必在陇东，不在西也"（《晋书·宣帝纪》）。因为司马懿明白蜀军若向东兵出武功，这对于魏军来说威胁是很大的，相反之下，西上五丈原则对魏军不能造成什么影响。司马懿懂得，诸葛亮也不至于不明白吧？那为什么诸葛亮又选择西进五丈原呢？

究其原因，怕也就是因为诸葛亮的谨慎吧。我们知道，渭河和秦岭山脉之间有一片狭长平坦的河谷地区，蜀军若向东，便要经过这条狭长地道。而司马懿的大军如果沿河筑垒，那蜀军沿着这条道路前进，就不得不冒着侧敌行军的危险。

司马懿亦明白这个道理，因此他选择了渡河背水列阵，这一个巧妙的安排使东进路线被切断了，因此诸葛亮只好选择往西前进了。其实如果诸葛亮敢于冒一下险，司马懿还不一定敢在诸葛亮侧翼行军时出击，毕竟魏明帝的明确指令是坚守不出。不过，司马懿如若让蜀军通过这条狭长地带从而抵达武功，那便可以切断司马懿军与长安的联系，从而威胁到长安城的安全，那战局自是另一番景象了。不过历史既然如此，过多的猜测意义不大，只是在这场往东还是往西的博弈战中，诸葛亮和司马懿给我们上了精彩的一课。

就在魏军一片胸有成竹的乐观气氛下，有一个人却皱起了他的眉头，这个人就是郭淮。郭淮并不以为蜀军进驻五丈原，魏军就能多轻松，同时他认为诸葛亮必定派兵到北原攻打自己，以便阻断陇道，切断陇右与关中的联系，魏军将不得不应战。因此他建议司马懿率先进驻北原。

然而诸将都认为郭淮多虑了，唯有司马懿听了郭淮所言觉得深有道理，从而意识到北原的重要性，于是便命郭淮等人率兵移屯北原，阻挡诸葛亮。郭淮立即率领军队进驻北原据守，然而堑垒尚未完成，果不出郭淮所料，诸葛亮已经派兵前来攻城。在郭淮的坚守下，诸葛亮无法攻下北原，两军遂处于对峙状态。诸葛亮攻克北原以切断陇道的计划在郭淮的顽强抵挡下一时无法成功，诸葛亮明白这样跟他耗着对自己无疑是不利的，只好领兵西行，作出欲攻西围的样子。然而郭淮识破了他的计策，认为诸葛亮进攻西围是假，东进攻取阳遂才是真。

诸葛亮果然以声东击西之计，不一会儿就领兵来到了阳遂城下，然而魏军因郭淮的提议，早在诸葛亮来时就做好了万全准备，因此得以顺利击退了蜀军的进攻。看来到目前为止，郭淮的表现足以令人称奇。

诸葛亮一面逼着司马懿出战，另一面也考虑到前几次北伐都是运粮不继的问题而导致功败垂成，于是开始在渭、滨的居民之间屯田生产粮食。他这下是明着跟司马懿讲，我这次跟你耗到底了。看来诸葛亮确实有这样的打算，他也明白自己的北伐，或许这次将是最后一次了。

诸葛亮眼见自己两鬓愈加斑白，脸颊因为多年的劳累而日渐深陷，现如今，自己更是难以入咽，一天吃不了三餐，一餐吃不了几粒米，而脑子也越来越不好使了,看来自己已经快到极限了,而仍旧未攻下魏国一片疆土,难道就要这样辜负先主的期望了吗?诸葛亮也许还在争一口气,他明白,只要他还有一口气在,他就会尽自己的力气去做自己该做的事,而这该做的事,就是当年在南阳卧龙岗里和先主刘备共同谋划的《隆中对》。《隆中对》的过程和实际虽然有点出入,但它的最终目标,诸葛亮希望能达到。

基于如此坚定的信念,诸葛亮继续坚持着。面对司马懿的坚守,他绞尽脑汁,誓要用尽各种办法将司马懿给逼出来。

## 死得不甘心哪

对于诸葛亮的进攻,司马懿依旧遵魏明帝之令,坚守不出。

司马懿的坚守当然不是因为害怕诸葛亮,当年曹操进攻汉中时,其情况正好和现在的诸葛亮相反,诸葛亮的路线是汉中到关中,而曹操的路线是关中到汉中,当时面对曹操的来犯,刘备也是采取防守待机的战术,为什么都没人说是因为刘备害怕曹操呢?所以说司马懿害怕诸葛亮显然是无稽之谈,他们两个人是旗鼓相当,正逢敌手。

司马懿的坚守是在等待一个好的机会,这是守城一方逼退攻方的惯用伎俩。时间不长,终于让司马懿揪到了一个机会。

有一次,诸葛亮派虎步监孟琰驻扎武功水北。孟琰前往驻扎后,水势渐涨,使他和诸葛亮失去了联系。司马懿见孟琰和诸葛亮之间的通路被阻绝了,知道两军相离难以援助,立即派军进攻孟琰。诸葛亮见状,火速地派出工兵架桥,还派出弩兵对着司马懿的部队隔岸射箭。司马懿攻孟琰不下,眼见桥就快架好了,只得立即退兵。

退兵后的司马懿更加不愿轻易出战了,他要瞧准一个极其有把握的机会,一举逼退诸葛亮。而诸葛亮这边,眼见日子一天天过去,从出兵到现在已有半年,他再也等不了了。在多次逼迫司马懿出兵不成之下,诸葛亮烦躁至极,竟想出了一个很不体面的方法。

诸葛亮命使者给司马懿送去了一样礼物。礼物到了魏营里,武将们均怀着好奇的心情在观望着诸葛亮到底在演着哪出戏。这时司马懿接过礼物盒子，打开后，原来是一套女性的服侍，从头巾到衣服，样样具备。诸将一看，虽有几分好笑，却也不得不为司马懿也为魏国感到羞愧，毕竟当时的思想观念，被人当成一个女人看待，这对于一个驰骋沙场的七尺男儿是非常大的羞辱。

不过诸葛亮从来就没有打算激怒司马懿，他要激怒的是司马懿的大多数部下，从而让他们集体请战。果然，魏国诸将见了诸葛亮送来的女装后，纷纷请战，而司马懿也明白将士们都在气头上，这个时候说再多道理是没有用的，因此他只好上表魏明帝，请求魏明帝指示是否出战。

司马懿的这个上表也很有意思，虽然魏明帝曾经指示司马懿在对抗诸葛亮时最好采取坚守的策略，然而所谓"将在外，君命有所不受"，司马懿还真傻到要万事去向曹叡报告吗？司马懿显然不是这样的人，他上表不过是为了拖拖时间，一份奏表传到曹叡那里，再从曹叡那里传回一份诏令，在这段时间里，武将的愤怒也基本可以消了。另外，魏明帝若回书指示"坚守"，那么也刚好能借魏明帝来压压诸将，让诸将明白无故请战是没必要的。

果然，魏明帝不许司马懿出兵，为此还派出了他的骨鲠之臣辛毗杖节来做司马懿的军师，以节制他的行动，诸将见魏明帝意志如此，遂也不再轻易请战。

后来诸葛亮又遣使求战，然而这次司马懿不谈军事，反而问使者："诸葛公起居何如，食可几米？"使者回："三四升。"然后又问政事，使者说："二十罚已上皆自省览。"经过这一番谈及私人生活的情况，司马懿明白了诸葛亮一直都事事亲力亲为，食少事烦，故而大喜道："诸葛孔明其能久乎！"（《晋书·宣帝纪》）

果不其然，魏青龙二年（234年）八月，诸葛亮终因积劳成疾而病倒，病情日益恶化。司马懿得知后，趁诸葛亮病重不能统军之时，率军袭击其后方，大胜。消息传到了成都，刘禅派李福去探望诸葛亮，诸葛亮对李福讲述了自己死后的国家大计，又对各将领交代好后事。过了几天，到了八月二十八日时，时间再隔三天便将跨入下一个月份，进入那个纯净的收获季节。秋风刚拂向人间，拂向五丈原的萧索，诸葛亮的生命便在这寒意中戛然而止了。蜀国丞相北伐七年，连死都死在了北伐的路上，实在令人唏嘘不已。

诸葛亮也知道自己逝世的消息如若传出，势必引起蜀军恐慌，从而为魏国制造进攻的时机。因此就在他临死前，他对着几位亲信安排好了后事，做出了生命的最后一场绝唱。

蜀军按照诸葛亮的安排，秘不发丧，整军后退。有当地百姓见蜀军退走，便向司马懿报告。司马懿因此推知诸葛亮必是死于军中了，立即出兵追击。这时忽然有蜀将杨仪摇旗呐喊，好像要反击。司马懿以为中了诸葛亮的诱敌之计，急忙撤军。到了第二天后，蜀军退回，司马懿到蜀军空营巡视赞叹诸葛亮为"天下奇才也"。

诸葛亮死了，司马懿后因功升任太尉，其在曹魏的政治地位扶摇直上，为后来的司马代曹开了一个很好的头。

# 第二章

## 晋朝一统：分久必合才是王道

### 蜀国没有看头了

由于诸葛瞻的战略失误，绵竹失守，蜀军大乱。邓艾乘胜追击，一鼓作气攻陷雒县（今四川广汉北），逼近成都。蜀国当时主要兵力都跟随姜维留在剑阁，而成都的守军是很少的。当蜀国上下听说魏军已经打到成都来了，都不知所措。对于现在的这种局面，后主刘禅更是没有想到。他听信黄皓等人的逸言，以为真的如鬼神所说，魏军是不会打来的，因此成都并没有太多士兵防守，没有做充分的作战准备。

等到魏军浩浩荡荡出现在成都时，蜀民溃散。刘禅也慌了手脚，于是急忙召集群臣，想听听各位大臣的意见。但是满朝文武，意见不一。有的主张弃蜀投吴，因为吴国是蜀国的盟友，孙吴必定不会见死不救。有的主张南下，因为南中七郡，地势险要，易守难攻，南下以图后事，将来说不好会卷土重来。说来说去也没有得出一个一致的结论。此时一向"不与政事"的谯周也参加了会议。前面我们讲过谯周因为作《仇国论》得罪了后主刘禅，后主刘禅解除了谯周的中散大夫职务，升任他为没有实权的光禄大夫。

在此次会议上谯周观点独树一帜，主张降魏。他首先驳斥了投奔东吴的主张，他认为，蜀国灭亡，下一个将是吴国，而吴魏两国，实力相差悬殊，魏国必能战败吴国。不论对吴国还是魏国，始终是为人臣，既然吴国灭亡是早晚的事，倒不如直接投降魏国，免得再次被俘。至于南下，更是行不通。首先，魏军志在灭蜀，如果南下，魏军必然追击，而南方平时尚且不安定，大敌当前，更难同仇敌忾，灭亡也是必然的。即使魏军不追击，我们据守南中，征收苛捐杂税，也会引起南中诸夷的叛乱。其次，大敌当前，人心涣散，恐怕没有人愿意南行。所以，倒不如不抵抗直接投降魏国，蜀国百姓即可以免遭战事，魏国也会优待我们。这才是最明智的选择。

谯周主降真的有道理吗？除此之外，蜀国真的没有别的办法了吗？后来的史学家认为，谯周降魏的做法是不明智的。东晋史学家孙盛在写这段历史的时候，认为如果后主刘禅没有听从谯周劝降的建议，而是奋力抵抗，蜀国是不会灭亡的。孙盛云："周谓万乘之君偷生苟免，亡礼希利，要冀微荣，惑矣。且以事势言之，理有未尽。禅既闇主，周实驽臣，方之申包、田单、范蠡、大夫种，不亦远乎！"

姜维的军队还留在剑阁，突然获悉绵竹失守。接着又听说，后主刘禅正固守成都，但也有人说后主投奔东吴去了，还有人说后主已经南下了，搞得姜维一头雾水，可见当时信息多么不发达。姜维害怕两头受袭，于是决定撤到巴西境，在途中接到投降的诏书。"将士咸怒，拔刀斫石"。军令如山，姜维只好奉诏投降。邓艾进驻成都，蜀国就此灭亡。

## 晋朝开宗立派了

高平陵事变之后，司马懿夺取政权，至此开始了司马氏专政时期。司马氏一系也是人才辈出，司马懿是司马氏政权的开创者，魏国著名的军事家、政治家。

"虎父无犬子"，司马师也是西晋政权的奠基者之一，他与司马懿一起发动了高平陵事变；司马懿死后，司马师独揽朝廷大权；大败吴将诸葛恪；杀曹芳；平定毌丘俭、文钦之乱，后病死。

司马昭，西晋王朝的另一位奠基人。《晋书》："世宗以睿略创基，太祖以雄才成务。事殷之迹空存，翦商之志弥远，三分天下，功业在焉。及逾剑销氛，浮淮静乱，桐宫胥怨，或所不堪。若乃体以名臣，格之端揆，周公流连于此岁，魏武得意于兹日。轩悬之乐，大启南阳师挚之图，于焉北面。壮矣哉，包举天人者也！为帝之主，不亦难乎。"

司马炎是晋朝开国之君，泰始元年（265年），司马昭病死，司马炎继承了父亲的晋王之位。司马炎很想做皇帝，他曾派遣人劝说魏帝曹奂早点让位。曹奂有自知之明，不久下诏书说："晋王，你家世世代代一直伴天子左右，尽心尽力，对国家的贡献数你最大。现在我顺应天意把皇位给你，你一定要接受。"司马炎故作推辞。

何曾、贾充等也屡次劝说司马炎，让其接受曹奂的皇位。泰始元年（265年），司马炎称帝，国号晋，史称为西晋，建都洛阳，封曹奂为陈留王，司马炎就是晋武帝。

司马炎即位之后，在政治、经济等方面都有所发展，出现了"太康繁荣"的局面。政治上，司马炎行分封，把宗室都分封为王，这样就为以后埋下了祸端，随着地方势力的不断膨胀，严重地削弱了中央集权的巩固,后来导致八王之乱的发生。司马炎下诏命令郡国任用贤能。颁五条诏书于郡国:一正身;二勤百姓;三抚孤寡;四敦本息末;五去人事。司马炎命贾充修订律法,这成为后世法律形式的蓝本。司马昭命令地方官轻徭薄赋,以农为本,实地尽其力,重农抑商。经济上,废除民屯,罢农官,劝课农桑,严禁私募佃客,这些客观上起了促进生产发展的作用。

历史事件具有很强的相似性,像循环往复,但历史并非是历史事件的重复,而是螺旋上升的。曹丕篡汉自立,到司马炎建立晋朝,有45年。司马炎以其人之道还治其人之身,以同样的手段夺去了曹姓政权。司马炎虽坐上了皇帝的宝座,但他并没有放松警惕,因为他明白现在仍是危机四伏。

司马炎为了稳固政权,首先安抚曹氏和投降过来的蜀国旧臣。司马炎下诏让陈留王曹奂保留天子的礼仪制度,不向他称臣。后来曹奂死后,司马炎追尊他为元皇帝。司马炎赐安乐公刘禅子弟其中一人为驸马都尉,第二年又解除了对汉室的禁锢。这些收买人心的措施,收到了很好的效果。不仅解除了内患,也消除了司马家族的心理阴影,可谓"一石二鸟之计"。

战乱刚刚平息,经济凋敝,百废俱兴,为了尽早地使国家从动乱不安的环境中摆脱出来,司马炎奉行无为政策,营造较为宽松制度环境。这种政策收到了良好的效果。

为了促进战乱后的经济发展,减轻农民负担,晋泰始二年(266年),司马炎颁布诏令,鼓励农业生产。史料记载,泰始五年(269年),汲郡太守王宏重视农业生产,积极开垦荒地、兴修水利,扩大劳动力,认真履行朝廷的旨意,加强监督,开荒五千余顷。王宏重视农业生产的措施收到了良好的效果。当时正遇荒年,其他的郡县人民有饥色,汲郡却粮食充足,人民仍能安居。晋武帝赐谷千斛,褒扬了他。晋武帝还下令兴修水利,修建了新渠、富寿、游陂三渠,灌溉良田一千五百顷。晋武帝废除屯田制,实行占田法和课田法。这种税收减轻了农民的负担,极大地提高了农民的生产积极性。

从咸宁六年(280年)以后的10余年时间里,西晋发展生产,以农为本,劝课农桑,兴修水利,人民安居乐业,自给自足,出现了经济繁荣的升平景象,史称"太康盛世"。史家说"是时,天下无事,赋税平均,人咸安其业而乐其事"。

## 吴国也没了

晋咸宁五年(279年),王濬上书请求伐吴,他说:"臣数参访吴楚同异,孙皓荒淫凶逆,荆扬贤愚无不嗟怨。且观时运,宜速征伐。若今不伐,天变难预。令皓卒死,更立贤主,文武各得其所,则强敌也。臣作船七年,日有朽败,又臣年已七十,死亡无日。三者一乖,则难图也,诚愿陛下无失事机。"(《晋书·王濬传》)

当时,司马炎正在与张华下棋。张华也是主战派,他也趁机劝说:"陛下圣明神武,朝野清晏,国富兵强,号令如一,吴主荒淫骄虐,诛杀贤能,当今讨之,可不劳而定。"(《晋书·杜预传》)但是反对派还是固执己见,贾充、荀勖等人还是反对伐吴。大臣山涛竟然说出了这样的道理:"外宁必有内忧,今释吴为外惧,岂非算乎"。但是由于主战派的屡次劝说,陈述利害,此时司马炎已经看清了当时的局势,决定伐吴。

羊祜生前早已将伐吴大计制定好了,十一月,司马炎采用羊祜计,发兵二十万,分6路进攻吴国。

晋军采取了分兵击之,各个击破的策略,这样的部署是正确的。东吴虽然弱小但仍有兵力二十万,不可轻敌,相对而言,晋军伐吴的兵力并不占优势。但是吴国却将这二十万兵力分散布防于沿江和江南各地,这使得孙吴的军力有所分散,给晋军以可乘之机。

晋武帝太康元年、东吴天纪四年(280年)正月,将军王浑率十多万大军进军横江,王浑坐镇横江,派参军陈慎、都尉张乔攻击寻阳(今湖北武穴东北);又派李纯率军进攻俞恭部,李纯大败吴将俞恭,斩杀吴官兵多人，占领高望城，准备渡江。与此同时，参军陈慎军攻取了阳濑乡，大败吴将孔忠。吴将陈代、朱明等主动率兵投降了晋军。

二月，吴主孙皓命丞相张悌率兵三万迎击王浑军，以阻止晋军渡江。张悌军行至牛渚（今安徽当涂北采石），沈莹分析形势说："晋治水军于蜀久矣，今倾国大举，万里齐力，名将必悉益州之众浮江而下。我上流诸军，无有戒备，皆死，幼少当任，恐边江诸城，尽莫能御也。晋之水军，必至于此矣！"

沈莹建议说，应集中兵力据守采石，在采石与晋军决一死战，若能打败晋军，进而可以阻止晋军渡江，还可西上夺回失地。如若失败，那么晋军将不可阻止，东吴必不可保。但张悌认为，在此等待只能让将士们士气更加低落，如果我们主动出击，一鼓作气，说不定还有希望。如果我们战胜了，可以顺势南下，迎击敌人，也可以收复失地。假如我失败了，我也算为国尽忠，我将死而无憾了，张悌已经做好了以死殉国的准备。

张悌于是率军渡江，却被张乔军包围，张乔兵少将寡，不是张悌的对手，于是请降。副军师诸葛靓认为，张乔很明显是假投降，这是缓兵之计，等待后援，应该迅速将其歼灭。但张悌却认为大敌当前，这种小战能免则免，于是接受了张乔的投降，率兵继续前进，随即遇到了王浑的主力部队。两军对峙大战即将开始。

吴将孙莹率领5000精兵首先发动攻击，但是连续几次都没能成功，孙莹不得不退兵。晋军乘吴军撤退之时，命将军薛胜、蒋班乘胜追击，吴军大败。此时，伪降之张乔军又从背后杀来，里应外合，将吴军杀了个大败。诸葛靓见大势已去，收拾残兵败将逃回江南去了。张悌想以死报国，与沈莹、孙震力战而死，实现了他自己的诺言，晋军继续前进，准备渡江。

此时，晋将何恽急于立战功，他向扬州刺史周浚建议说，张悌一部被我歼灭，吴国上下必然乱了阵脚，现在应该挥师渡江，直取建业，定能拿下东吴。王浑听到这一建议后，比较小心谨慎，他认为晋帝只是命他出兵江北，抵御吴军，如果擅自渡过长江，就是违背军令，即使胜利也不会有什么奖赏；但若失败，必是死罪。于是王浑仍按兵不动，等待王濬军的到达，然后再统一节制王濬等军渡江作战。何恽再次劝说，认为将在外君命有所不受，如果错失良机，灭吴就很困难了，但王浑置之不理。

琅邪王司马伷，自正月出兵以来，连克几座城池，迅速进至涂中。司马伷令刘弘抵达长江岸边，与建业吴军隔江相峙；命王恒率诸军渡过长江，直攻建业。王恒军势如破竹，进展十分顺利，沿途消灭吴军五六万人，还俘获孙吴都督蔡机。这时，王濬军在长江上中游获胜，顺流抵达牛渚，王濬军继续顺流东下，吴主孙皓命游击将军张象率一万水军前往抗击王濬军时，张象军一见西晋军的旗号便全部投降了西晋。王濬的兵力遍布长江，呐喊声响彻天空，气势恢宏，继续向前推进。

晋军大举进攻的消息传来，原先往交趾征讨郭马的将军陶濬，便停止去交趾，返回了建业，此时，吴将陶濬奉命率军两万与晋军作战，要出发的前天晚上，部众也逃散一空。

王浑、王濬和司马伷等各路大军已逼近建业，吴国司徒何值、建威将军孙宴等见大势已去，不想再战，干脆交出印信符节，前往王浑军前投降。吴主孙皓见自己内部已分崩离析，便采用薛莹、胡冲等人的计策，分别请降于王浑、王濬、司马仙，企图挑唆3人互相争功，引起晋军自相残杀。但是计划没有成功。

王濬挥师直进，离建业只有一步之遥，王浑劝王濬暂停进军，王濬哪能让快吃到嘴边的肉再吐回去啊，于是借口风大无法停船，直捣建业。当日，王濬统率水陆八万之众，浩浩荡荡，进入建业。吴主孙皓自知完蛋了，反绑双手、抬着棺木，表示诚意，前往王濬军门投降。至此，晋军占领了东吴四州、四十三郡，俘虏了吴国官兵二十三万，东吴政权宣告灭亡，三国鼎立的局面结束了。

## 第四卷

# 血色西晋：奸人当道的小时代

# 第一章

## 权臣作孽：涉危蹈险的帝国

### 杨骏不是老实人

一般认为，太康元年（280年）算是武帝朝的一个转折点，以灭吴为界，司马炎执政的25年，可以说是前明后暗的政治面貌。而咸宁二年（276年）也是一个多事之秋，这一年齐王攸被武帝解除权力，而外戚杨骏突起，成了一股新的政治力量。由于武帝"惟耽酒色，始宠后党，请谒公行"，杨骏跟他的弟弟杨珧、杨济势倾天下，当时的人们就用"三杨"称呼他们。

司马炎集中发展外戚的势力，主要目的在于调整整个晋国的权力分配体系。由于曹魏的国祚不久，只有区区45年，作为开国皇帝的司马炎一直依靠的力量主要是在三国末期早已形成的宗室跟功臣集团。但是这两股力量都有些靠不住。宗室方面，因为齐王司马攸的过于优秀，过于深得民心，被司马炎忌惮，抑郁而死，宗室的力量骤减。而武帝本人的几个儿子的政治能力基本上都上不得台面，使得司马氏在政治舞台的施展空间变得非常有限。而功臣集团一旦一支独大，容易使晋国陷入被大臣左右朝政的局面，武帝这时候急需强化皇帝本人能依靠的力量，他想到了杨氏，虽然在血亲上杨氏跟司马氏并无太大的关联，可凭借姻亲这层关系，毕竟还是知根知底一些。

杨骏的出身虽然不错，能力却有限，尚书褚𬸪、郭奕对武帝这样的安排都表示反对，说杨骏："小器，不可以任社稷之重"，"素无美望"，可见他实在是对不起自己的家庭背景。但是武帝坚持自己的看法，因为东吴已灭，他就以为天下无事，"不复留心万机"。当时就有人指出："夫封建诸侯，所以藩屏王室也。后妃，所以供粢盛，弘内教也。后父始封而以临晋为候，兆于乱矣。"认为杨氏的兴盛给晋国带来的只有"乱"而已。

太熙元年（290年），五十五岁的司马炎病势沉重。病中的司马炎没有指定辅政大臣，事实上这个时候晋国也实在没什么股肱之臣可以托付。面对这样的窘境，"朝臣惶惑，计无所从"。皇帝的身边出现了权力的真空，杨骏充分显示了自己钻空子的才能，他"尽斥群公，亲侍左右"，趁着武帝病重的机会，"改易公卿，树其心腹"，在朝堂上安插自己的势力。司马炎虽然病重，但是脑子不傻，还是发现了杨骏的小阴谋，觉察到了杨骏包藏祸心，就下旨说让汝南王司马亮跟杨骏一同辅佐新主，希望借由汝南王的力量牵制杨骏，也希望二人能相互牵制，不至于出现权臣掌权的局面。

司马亮，字子翼，按辈分是司马炎的叔叔。年少就"清警有才用"，做过魏国的东中郎将、广阳乡侯。诸葛诞反叛时，司马亮曾经领兵上过战场，很不幸，吃了败仗，被免官。之后，重新被任命为"左将军，加散骑常侍、假节、出监豫州诸军事"。等到晋室开基，司马家里的人少不了升官，司马亮搭上这般顺风车，"封扶风郡王，邑万户，置骑司马，增参军掾属，持节、都督关中雍、凉诸军事"。主要在晋国边疆主持工作。

司马炎一直重视宗室的力量，齐王攸死后，司马炎"乃以亮为宗师，本官如故，使训导观察，有不遵礼法，小者正以义方，大者随事闻奏"。司马亮两起两落之后迎来了第一次政治高峰。咸宁三年（277年），司马亮的封地迁往汝南，"出为镇南大将军、都督豫州军事，开府、假节、之国，给追锋车、皁轮犊车，钱五十万"。之后，又"征亮为侍中、抚军大将军，领后军将军，统冠军、步兵、射声、长水等营，给兵五百人，骑百匹。迁太尉、录尚书事、领太子太傅，侍中如故"。

司马炎准备好了圣旨，预备"以亮为侍中、大司马、假黄钺、大都督、督豫州诸军事，出镇许昌，加轩悬之乐、六佾之舞"，意在抬高宗室的力量牵制外戚杨骏。司马炎逼死了自己那个优秀的弟弟司马攸，却任用这个没什么才能的叔叔司马亮，也真是会给自己的儿子选大臣。诏书刚刚写好，还没有来得及宣布并实行，司马炎就病危了。杨骏得知司马炎的计划，深知自己的根基不如司马亮牢靠，耍了一点小手段，事实证明杨骏这个手段很管用。

他跟掌管诏书的中书监华廙讨要圣旨，说拿过来观赏观赏，华廙也知道杨骏想要圣旨一定没安好心，但是又惧怕杨骏的势力，不得已也只好把诏书借给杨骏，这一借，自然是有去无回了。杨骏"没收"了圣旨，还觉得不放心，属意华廙编造了一份新的诏书，这份诏书的内容自然是大封特封杨骏的官，封他为"太尉、太子太傅、假节、都督中外诸军事，侍中、录尚书、领前将军如故"，还允许杨骏"持兵仗出入"，方便他掌控那个只剩半口气的皇帝司马炎。诏书写好了，杨骏很不厚道地还送给病得不行的司马炎看一眼，估计司马炎这时候已经病得没有意识了，即便是看了，也不可能反对什么。杨骏伪造这份诏书之后的第三天，司马炎就一命呜呼了。

司马炎一死，杨骏成了掌权的人。司马亮一猜就知道这背后一定是杨骏搞鬼，但是他胆子小，不敢反抗，皇帝死后大臣要去哭灵，司马亮连皇宫大门都不敢进，借口自己生病，就在自己家门口哭了一鼻子。等到司马炎出殡那天，所有人都前去送行，杨骏就一直在自己居住的太极殿待着，还配备了上百人的保镖队伍，"不恭之迹，自此而始"。

丧事办得差不多了，杨骏本着斩草除根的原则，想要对司马亮下手。司马亮哪里有什么应对策略，就向何勖讨教，何勖看着眼前这个窝囊的王爷，劝司马亮先发制人："今朝廷皆归心于公，公何不讨人而惧为人所讨！"甚至建议司马亮召集自己的力量，领兵入宫，废掉杨骏的权力，先一步把杨骏干掉，这样不是彻底解决问题了吗？但是司马亮一听，觉得何勖这一绝好的建议简直是开玩笑，不说领兵进宫，洛阳都不敢继续住了，连天亮都等不及，当天夜里就逃命到了许昌，保住了一条小命。

司马亮逃了，洛阳城就变成了杨骏的地盘，他任用自己的外甥段广、张劭在惠帝司马衷身边当近臣，用以掌握新皇帝的一举一动。司马衷虽然名义上是皇帝，但万事都做不了主，处处被杨骏牵制。杨济、杨珧将这些看在眼里，记在心上，觉得哥哥是在为杨家自掘坟墓，数次劝谏杨骏不要一人专权，杨骏不听，还觉得杨济他们别有用心，慢慢地疏远了自己的两个弟弟。

杨济整天忧心忡忡，私下向石崇询问朝中大臣对杨骏独裁的看法，石崇毫不客气地指出："贤兄执政，疏外宗室，宜与四海共之。"杨济一听，实在是无话可说，虽然他认同石崇的看法，但是知道自己说话不管用，就请石崇进宫，把这番道理讲给杨骏听。石崇倒是进宫了，也见到了杨骏，对着杨骏那张脸说了半天大道理，也只是白白浪费了吐沫星子，杨骏早已是一匹脱缰野马，没人能制得住，哪里肯听什么福祸相依的道理。

杨骏忘记了一个人，他觉得自己是无人能制得住的脱缰野马。而这个人，选择的不是制服，而是消灭，从肉体上消灭这匹野马，纵然有再大的本事，也难逃灭亡的命运。小矮子丑女贾南风，正是杀死杨骏的幕后黑手。

## 原来都不是好东西

杨骏死后，少了一个揽大权的人。但是大权总得有人揽，少了一个杨骏，就得分给很多人，毕竟权力让人上瘾，让人欲罢不能。

司马玮成了卫将军，领北军中候，加侍中、行太子少傅。北军中候大概相当于皇城守备军司令一类的官。司马玮有着其他人都不具备的优点：他年轻，才二十出头。一个不过二十岁的小伙子，就因为参与诛杀杨骏有功而被大肆封赏，俨然是权力新贵。"少年果锐，多立威刑，朝廷忌之。"长江后浪推前浪，如果前浪不愿意让位子，这个后浪再怎么推，也坐不到想坐的位置。司马亮跟卫瓘就是前浪。

此时卫瓘已经七十多岁了。这个岁数还能活跃在政治舞台上，只因为卫瓘是个狠角色。卫瓘出生在书香门第，"性贞静有名理，以明识清允称"。十岁那年，卫瓘的父亲死掉了，这是一件不幸的事情，但也有幸运的一面，就是父亲的爵位成了他的。卫瓘二十岁开始步入仕途，在权臣专政的时代，他"优游其间，无所亲疏"，游离于各种政治力量之间，显示了他不同常人的政治情商。十年的时间里，不仅谁都没得罪，还因为工作态度良好，任劳任怨，不断升官。

在几次政治事件中，卫瓘不仅能逢凶化吉，还能稳赚不赔，等到武帝司马炎时期，卫瓘因为提了个建议解决了晋国北方的边境问题，深得司马炎的信任，还把自己的女儿繁昌公主嫁给卫瓘的儿子，跟卫瓘成了儿女亲家。跟皇帝成了亲家，杨骏看着也忌妒，就跟武帝打小报告说，公主在卫府里过得不好，终日喝闷酒什么的，希望武帝判小两口离婚。只要卫瓘少了这层关系，就对他不再有威胁了。卫瓘觉察到杨骏的企图，主动要求回家养老。杨骏死了，卫瓘站起来了。

官复原职的卫瓘跟司马亮一起共辅朝政。两个"前浪"一合计，觉得后浪司马玮实在是太不顺眼了，决心已定，要想法子除掉这个绊脚石。一天上朝，司马亮站出来说，封王都是有自己的封地的，现在朝廷无事，坏人杨骏也死了，各位王爷就各回各家吧。这个建议一出，谁都知道言下之意是什么，这是明摆着要赶司马玮走人，起初"无敢应者"，突然安静的朝堂上出现一个声音，卫瓘站出来表态了，完全支持这个建议，从这一刻起，司马玮就这么跟卫瓘结下了仇怨。

公孙宏、岐盛两个人平时没什么好名声，很招司马玮待见，卫瓘则很讨厌这两个人，想找法子把这两个人也一并治罪。公孙宏、岐盛跟李肇一合计，觉得司马玮这么下去不是办法，不如再度跟贾南风联手，先发制人，把司马亮跟卫瓘给弄死。要说卫瓘做官不仅有才能，基本上也属于官场老油条了，但是他干了一件事，惹得贾南风恨死了他：卫瓘反对立司马衷为太子。前面提过，卫瓘喝醉了旁敲侧击跟司马炎提过这个事情，司马炎当时只是说："公真大醉耶？"弄得卫瓘好不尴尬，日后便不敢说这话了，但是贾南风记仇，何况卫瓘这个人，对贾南风淫乱后宫早就看不顺眼了，弄得贾南风因为忌惮卫瓘，不能随意享乐，现在有个机会报仇了，她何乐而不为。

于是贾南风就又跑到傀儡老公那里，如此如此这般这般说了一番，让惠帝司马衷当夜下诏，命司马玮铲除司马亮跟卫瓘。司马玮拿到密旨，召集人马，宣称："天祸晋室，凶乱相仍。间者杨骏之难，实赖诸君克平祸乱。而二公潜图不轨，欲废陛下以绝武帝之祀。今辄奉诏，免二公官。吾今受诏都督中外诸军。诸在直卫者皆严加警备，其在外营，便相率领，径诣行府。助顺讨逆，天所福也。悬赏开封，以待忠效。皇天后土，实闻此言。"

做足了准备工作后，分别派人去对付卫瓘和司马亮。大队人马来到卫瓘家里宣旨，左右的人都觉得其中有诈，皇帝要卫瓘死怎么一点征兆都没有呢？于是就跟卫瓘说："礼律刑名，台辅大臣，未有此比，且请距之。须自表得报，就戮未晚也。"建议卫瓘先别忙着死，应该先去核实一下消息的真伪，弄明白是怎么回事儿再死不迟。但是卫瓘死脑筋，觉得圣旨都下了还有什么办法，就跟儿子、孙子等家中九个人一同被害。幸运的是，还有两个孙子，因为出去看病了，得以幸免。

负责处理掉司马亮的是公孙宏和李肇。当公孙宏和李肇的军队将司马亮的府邸团团包围住，负责家里安全守备的李龙觉察到外面局势不太对劲，就跟司马亮汇报说，您看咱们是不是应该组织家中的武装全力备战，司马亮一听，觉得李龙睡迷糊了，根本不理他。等到公孙宏、李肇的兵登上司马亮家的围墙，对着屋子里的司马亮大呼小叫的时候，司马亮这才觉得事情不对劲，但是他实在不明白这一切究竟都是为什么，只是一个劲地感叹："吾无二心，何至于是！若有诏书，其可见乎？"

公孙宏哪儿理司马亮这些疑问，下令赶紧开始进攻，谁捉到司马亮有赏。长史刘淮劝司马亮说："观此必是奸谋，府中俊乂如林，犹可尽力距战。"让司马亮不要担心，府里的兵力足够杀出一条血路，抵挡一阵子，司马亮还困在自己的疑问里出不来，根本没听见刘准说了什么，轻而易举就被李肇抓住了，司马亮还在感叹："我之忠心，可破示天下也，如何无道，枉杀不辜！"

要说司马亮冤枉，这倒不假。当时天气炎热，士兵看着司马亮落魄的样子还挺心疼他的，竟然轮番给他扇扇子。士兵跟司马亮就这么坐着，坐到日上三竿了，太阳更毒了，都没人出来一刀杀司马亮。司马玮实在看不下去了，觉得简直太不像话了，就下令说："能斩亮者，赏布千匹。"重赏之下，什么人都有，大家一听这话，就疯了似的一哄而上解决了司马亮，尸骨"投于北门之壁，鬓发耳鼻皆悉毁焉"。可怜司马亮一条命，就值一千匹布。

解决完卫瓘、司马亮这两个"前浪"，"后浪"司马玮下令不追究他们同党的罪："二公潜谋，欲危社稷，今免还第。官属以下，一无所问。若不奉诏，便军法从事。能率所领先出降者，封侯受赏。朕不食言。"当然是假借司马衷的名义下的令。

这时候岐盛站出来说，既然取得了这么可喜的阶段性胜利，不如"因兵势诛贾模、郭彰，匡正王室，以安天下"，这是要让司马玮一鼓作气，铲除贾南风的势力，好让司马玮一人独大。但是司马玮听完了，只是犹豫，犹豫了一整夜。贾南风毕竟是当官人家的小姐，就算是长得难看，但该有的政治智商还是有的，她怎么可能让司马玮一人独大，要独大也只能是她贾南风独大，但是这个女人，智商毕竟有限，就找来德高望重的老臣张华商量对策。

张华态度很明确，一语中的地明确说出了贾南风的心声："楚王既诛二公，则天下威权尽归之矣，人主何以自安？宜以玮专杀之罪诛之。"但是张华不是为了贾南风考虑，他倒是真心觉得司马玮坐大了，岂不是第二个杨骏。贾南风也知道道理的确是这样的，但是司马玮现在风头正劲，想解决他，总得有借口。张华说："玮矫诏擅害二公，将士仓卒，谓是国家意，故从之耳。今可遣驺虞幡使外军解严，理必风靡。"

张华张冠李戴，把这杀死宗室、重臣的罪名全安在司马玮身上，说他"矫诏"。这下罪名也有了,贾南风派遣殿中将军王宫赍驺虞幡麾众曰:"楚王矫诏。"司马玮的军队本来就是起事召集的,一听这话,才明白过来,原来我们干的事情都是非法的,就作鸟兽散,"玮左右无复一人",要说司马玮也真是太不得人心了,居然连一个人都留不住。身边一个人都没有的司马玮,到底是年轻,哪儿见过这样的阵势,"窘迫不知所为"。

司马玮的结局走了一个法律程序,判了死刑,行刑那天,司马玮从怀里颤抖着拿出那个当时从宫中传的密旨,一把鼻涕一把泪地跟监刑尚书刘颂哭诉,你看我这里有圣旨,"受诏而行,谓为社稷,今更为罪,托体先帝,受枉如此,幸见申列"。刘颂何尝不知道司马玮是冤枉的,但是现在是贾南风要你死,你不想死也得死,他只能"欷歔不能仰视",赶紧送司马玮上路了。

# 第二章

## 内乱不止:你争我夺誓不休

### 卷土重来看我的

八王之乱中,司马颙将晋惠帝劫持至长安,挟天子以令诸侯,操纵朝政,权高位重。按说应该过得逍遥自在,然而,高处不胜寒,司马颙这一不得人心之举,引起了众士人的不满,反对之声一浪高过一浪,司马颙终日惶惶,头痛不已。

在反对司马颙的声浪中,最有实力者当数东海王司马越。司马越野心勃勃,经过一年的喘息与休养生息之后,实力已经开始复原,却因无法操纵朝政,心有不平,便联络山东各地征讨司马颙,准备东山再起。然而，心有余而力不足，"恨力不及，恐难讨之"。以一己之力难挡司马颙，天下之人，谁可共之？东海王司马越揣测着。

正当司马越一筹不展，心无定数之时，东海中尉刘洽进言："东平王司马楙现督徐州，兵精粮足，若得徐州，可为成事。"司马越大喜，刘洽又推荐一人为使者，前往东平王司马楙处洽谈，此人名王修。

王修，乃是徐州长史，嘴皮子上的功夫极妙，可谓巧舌如簧。王修领命便去见东平王司马楙，王修倒是爽快，开门见山："今东海王欲举义，檄山东之兵讨张方，迎天子还旧都，恨力不及，欲借大王徐州都督诸军，以率义山东……"如此种种，我们暂不管经过如何，总之，东平王司马楙最后一句话："彼既为国为民，吾安敢不从？"王修暗舒一口气，任务完满结束，东平王司马楙慷慨将徐州借给司马越，自任兖州刺史。

晋惠帝永兴二年（305年），司马越集结山东各部，据徐州，以司马颙和张方劫持晋惠帝为由，发布天下檄文讨伐司马颙和张方，以"奉迎天子，还复旧都"。在这冠冕堂皇的理由下，响应者纷至沓来，范阳王司马虓与成都王司马颖的余部公师藩等也自称将军，纷纷响应，举起讨伐的大旗。

范阳王司马虓，才气颇高，素有美誉，有成就大业之心，却因在宗族中排行低而无甚作为。对于司马颙和张方"挟天子以令诸侯"的野心，司马虓甚是以为耻，便想起兵，却苦于势单力薄难成大事。司马虓手下有一长史，名冯嵩，此人计谋颇多，又懂得察言观色，见司马虓蠢蠢欲动却有几分踌躇，知其心意，便进言："今河间王司马颙使张方劫帝入长安，废成都王颖，久必篡逆。殿下若肯与令兄平昌公起义兵，保驾还洛阳，其功可比周公，勋业必成。"

范阳王司马虓大叹一口气，却又摇摇头，他何尝不想如此，奈何心有余而力不足。冯嵩近前一步，将心中计谋娓娓道来："东海王司马越有英雄之志，可云命世之英，不如推东海王为盟主，聚义起兵，大事可成。"

此番计划正合司马虓心意，于是赶紧召来使臣，前往司马越处商讨合作事宜。

可想而知，司马越正忙碌着征讨事宜，那自然是士卒越多越好。此时又有一股强大的力量注入，焉有不接受的道理，事情进展得非常顺利，扳倒司马颙似乎指日可待。

这日，司马虓大摆筵席，宴请东海王司马越、平昌公司马模、长史冯嵩等将领。席间，几人杀白马祭天，歃血为盟，共推司马越为盟主，以共成大事。礼毕，谋士冯嵩道："今我始聚之兵，乌合之众，难以出战。今见豫州刺史刘乔部下多有精兵，可使人持节招其来降，同起义兵，方可得安。"

司马越招贤纳兵，不出半月，又招得士卒两万余人。眼见势力一日日壮大，司马越日渐春风得意，自称秉承皇帝旨意，任意选调官吏，既得利益者雀跃，利益受损者不免蠢蠢欲动，心有不甘。

司马越私自任命司马虓为豫州刺史，原豫州刺史刘乔改迁为冀州刺史，刘乔不满，便举兵反抗，司马颙支援刘乔。一场大的混战再次打响。同时起兵的还有司马颖的旧部公师藩。

司马颖威风一时，由丞相而成皇太弟，成为名正言顺的接班人。然而，风水轮流转，三个月的风光过后，却如丧家之犬般寄人篱下，皇太弟之名被废不说，就连立足之地也无，真是可怜至极。司马颖余部公师藩等见司马颖暂居司马颙篱下，不得善待，心生怜悯，便自称将军，纠集河北士卒起兵，兵有数万人，攻城略地，声势甚为壮观。

此时的司马颖正被司马颙软禁，不得自由，二人的恩怨可谓不浅。司马颙见公师藩起兵，不禁满头思绪，此时的他左右受敌，主要兵力正与司马越周旋，哪里还有闲暇顾及得了公师藩。

公师藩乃司马颖余部，若是让司马颖将其招降，如此一来，不仅可以免除后顾之忧，更可增加实力，一同对抗司马越。司马颙想及此，心中不免开朗起来，于是命人将司马颖请来，好生安抚，一番嘘寒问暖，又对以前的种种极力忏悔，表现得极为谦恭。

司马颖已多时未受到这样的礼遇，自然非常受用，况且，能够摆脱司马颙的藩篱，何乐而不为呢。司马颖一口应允，顶着都督河北诸军事的帽子，令卢志与千余士卒入河北招降公师藩去了。

　　司马颙的乐观未免有些早，却说，晋惠帝永兴二年（305年）十二月底，司马颖入洛阳，至此便停留不前了。一来兵力不足，无法渡河北上；二来，司马越的军队已经开进河南阳武，距离洛阳城不足三百里，势如破竹，根本无法阻挡，河间王司马颙大势已去，无法扭转乾坤。

　　刘乔与司马越的战争打得不可开交，刘乔这边有司马颙命张方、吕朗等领兵援助，司马越这边有王浚部将祁弘领鲜卑、乌桓骑兵为前驱。两军混战数日，司马越军声势一浪高过一浪，渐渐占得优势，连败刘乔与援军。

　　司马颙此役可谓倾全力而战，派出支援刘乔的兵力足有十万之多，以张方为大都督，张方以吕朗等入前线支援刘乔，自己则屯兵灞上，在此盘桓多时，却按兵不动。刘乔兵败的消息传来，张方更加不敢前进。

　　张方领军十万，军队却无纪律可言，多有纵容部下劫掠之举，张方占领洛阳伙同部署将洛阳劫掠一空便可见一斑，致使军队所在地区民不聊生，怨恨四起。这样一支没有纪律的军队，人心离散，毫无团聚力可言，战斗力可想而知。更有一些部将在目睹了张方的残暴之后，对其失去信心，便领兵转入司马越的旗下。

　　司马颙军连连战败，消息传到长安，司马颙见如此光景，也不抱回旋的希望，心中萌生了议和的想法，但是，面对司马颙的议和请求，司马越能否接受？

## 要性命跑大山

　　三十年河西，三十年河东，风水轮流转。此番正值司马越春风得意之时，当日，振臂一挥，群雄皆揭竿而起，纷纷投奔，足有十万余众，浩浩荡荡，滚滚西行，杀得司马颙畏惧不已，好不快哉。

　　司马越神奇十足，司马颙却是焦头烂额，刘乔兵败，士卒离散叛变，一系列的惨事一股脑一拥而上。现下,司马颙也不作其他感想,只寄希望于能与司马越达成和解共识。然而,事情并没有想象中的那么简单,成功与否,这主要取决于两个人,一个是对手司马越,一个是自己人张方。

眼见司马越节节战胜,若能与之罢兵,达成和解,以目前光景,这是最好的结局,但是关乎和解,不知司马越作何感想?司马颙这般想着,心中却也无十分的把握。

司马越起兵时打的幌子是"纠集义旅,奉迎天子,还复旧都",其缘由乃是司马颙与张方挟持晋惠帝迁都长安。"劫迁车驾"的决策者虽然是司马颙,执行者却是张方,所以,一旦和解,张方就会首当其冲,成为众矢之的,而司马颙却可以将罪责撇得干干净净。

毋庸置疑,对于和解,张方抗拒的态度是非常坚决的,因为和解之后,必然会追究他劫掠宫室、劫迁车驾之罪,这不只是关乎前途,更是性命攸关的问题。作为自己的心腹,司马颙不得不考虑张方的处境。另一方面,张方手握重兵,弄不好拥兵自立,对此司马颙是有几分忌惮的,鉴于此,司马颙有些犹豫不决。

如果说司马颙的犹豫让张方尚有一线存活的生机,张方平时的为人就彻底葬送了自己。当刘乔兵败之时,张方正屯兵灞上,盘桓不前,却不知一场针对自己的阴谋正悄无声息地展开。

张方脾气暴躁,为人又残忍,对下属嬉笑怒骂,从无约束,这样不知不觉就得罪了许多人,参军毕垣曾受其侮辱而对张方怀恨在心,一心想要报复。毕垣见大势已去,主张退兵和解,再遭张方训斥,毕垣便向司马颙打报告,指出张方在灞上按兵不动,其实是另有打算,乃因司马越兵力强大,胜券在握,便意图叛变。

司马颙对毕垣所说半信半疑,在他心中,张方始终是心腹将领,怎么会做出叛逆之事。毕垣见司马颙心存疑虑,唤来张方的亲信郅辅前来对质。其实,在此之前郅辅已被恐吓,哪里还敢违背毕垣,司马颙问时,郅辅唯唯诺诺,只会点头称是。郅辅的恐惧,似乎更增加了张方叛变的可信度。

事情得到证实，司马颙火冒三丈，对张方的信任立即降到了冰点，恨不得杀之而后快。这时，缪播和缪胤也来插一脚，在旁煽风点火，这二人认为，若得与司马越和解，可以杀张方来换取。

司马颙一听这主意，心中不免一喜，杀张方以求和解，此事胜算颇大。几人一商量，制定了完整的计谋，决定牺牲张方作为议和的筹码。然而，这只不过是他们的一厢情愿而已，对于此事司马越作何感想这才是事情的症结之处。

人的欲望犹如海底深渊，永无止境。喜报接连传来，胜利在即，在这节骨眼上，司马越怎能止步不前？议和所得与剿灭敌人全胜所得相比，根本没有诱惑力。司马越不会为这眼前的利益而放弃长远利益，放长线钓大鱼这才是他的目的。这些暂且不提，我们且看司马颙如何擒得张方。

战场的失利让张方十分懊恼，他的心里没有议和这样的概念，一心只想能在战场上扳回一局。这日，司马颙派人来唤郅辅，张方心生疑虑，郅辅乃自己的亲信，与司马颙素来没有什么交往，此次却来唤他，不知所谓何事。这样的疑虑一闪而过，毕竟有更重要的事情需要他处理。却不知，就是郅辅此去，与司马颙、毕垣商议了计谋，葬送了张方的性命。

这日天色已黑，郅辅战战兢兢，心怀叵测回到灞上，入得张方军帐，张方不免要询问一番，郅辅将一封书信交予张方，说司马颙交给他的机密文件，张方不疑有他，走至灯前，取信来读。因一心在信上，张方未曾注意到身旁的郅辅已经拔刀举起，待有所察觉，却已经脑袋落地，血溅一地，可怜张方死得不明不白。

郅辅心有余悸，提着张方的头颅径自向司马颙去复命，一路上不免提心吊胆。司马颙同样夜不能寐，一心等着郅辅，又担心事情败露，张方叛乱。正焦躁不安之时，听人来报，郅辅前来复命，司马颙一颗心终于落下了，看来事情进展得非常顺利。司马颙见了张方首级，大喜，当即将郅辅晋升为安定太守。

司马颙心愿了却一桩，和解之事，似乎马到成功。司马颙命使者将张方头颅送予司马越，并表达了请和的意愿，然而，事情的发展没有朝着他的意愿而去，任凭使者如何地能言善辩，司马越仍旧没有议和的意愿。使者被扫地出门，司马颙犹如霜打的茄子，彻底蔫了。

一蹶不振的司马颙在百思而无自救方案之时，司马越的大军已经逼近长安。司马越命祁弘领军入长安，司马越的大军中多有忌惮张方者，今见张方已死，便士气大振，争先恐后攻入长安。

司马越军与司马颙军激战之时，司马颖正在洛阳观望，见司马越气势汹汹而来，便狼狈而逃，西行到华阴，准备寻机回长安，却听闻司马颙杀张方，意图议和。司马颖如同五雷轰耳，顿时呆住，哪里还敢回长安，只得一路西行，出武关，入新野，渡河北上到朝歌，却被冯嵩逮捕押入邺城，交予范阳王司马虓，幸得司马虓念旧恩，不忍杀之，而是将之囚禁起来。

司马越大获全胜，总揽朝政。晋惠帝永兴三年（306年）六月，司马越带领百官簇拥晋惠帝，东还洛阳，修葺宫殿、庙宇，颁布诏书，改年号为光熙，大赦天下，论功行赏。晋惠帝以东海王司马越为太傅，录尚书事，以范阳王司马虓为司空，命其镇邺城，至此天下暂归平静。

# 第三章

## 国土沦丧：西晋彻底走到尽头

### 刘渊称王

乱世，是一个解构与重组的时代，在这一过程中，一个偌大而崭新的舞台呈现在世人面前。英雄辈出，各部人马大展神通，每个人都想在这乱世之中成就一番事业，李雄是这样，刘渊也是这样。

刘渊，字元海，匈奴人。刘渊其祖为汉初的冒顿单于，冒顿单于与汉高祖的渊源，史书中多有记载，《晋书·刘元海载记》写道："汉高祖以宗女为公主，以妻冒顿，约为兄弟，故其子孙遂冒姓刘氏。"从这段记载中，我们知道，由着与汉高祖的姻亲关系，冒顿单于的子孙便以刘为其姓氏。

刘渊其祖迁徙中原始于其祖父於扶罗，匈奴内乱，於扶罗遭排挤，恰逢汉室遭遇黄巾起义，於扶罗便率众助汉廷镇压黄巾军，依附东汉王朝，自此留居中原，并在此自立为单于。依附于东汉王朝的於扶罗并不安分，觊觎中原权势，时时为壮大实力，"兴邦复业"而蛰伏着。瞅准董卓之乱这一良机，於扶罗侵占了太原、河东、河内等郡，成为一股不容小觑的势力。

不料，於扶罗壮志未酬身先死，其弟呼厨泉接手其事业，刘渊的父亲刘豹任职左贤王。正当呼厨泉部如日中天快速发展的时候，曹操掌握了汉廷实权，聪慧如曹操，看出呼厨泉单于虽表面恭顺，却也是野心勃勃，恐日后成为大患，便采取了分瓣梅花计，将呼厨泉部分成左右南北中五部，刘豹任左部帅，率军万余。

呼厨泉部有士卒三万余，刘豹所领左部是其中最大的一支，可谓掌握了部族实权。刘渊这时以质子身份留居洛阳，虽有宏志，却也不敢轻举妄动，毕竟一切均在中原王朝的严密控制之下。刘豹死后，刘渊继承了左部帅的职务，兵权在握，刘渊的野心一发不可收拾了。

接掌父亲职务后，刘渊兢兢业业，暗中积蓄着力量，步步为营。太康末年，晋武帝任刘渊为北部都尉。至晋惠帝登位，杨骏辅政时，刘渊领建威将军、五部大都督职务。此时的刘渊越发谦虚，不但轻财好施，更是结交名士，四方之士、五部俊杰之士多有不远千里前来投奔者。一时之间，刘渊名气大震，为他以后的道路一步步铺好了垫脚石。

八王之乱的狂风席卷中原，中原大乱，有不少汉人避乱南迁，汉人势力在中原有所减少。左国城内众匈奴贵族一拍即合，认为"兴邦复业"的时机已经成熟，准备起兵，以坐收渔翁之利。

起兵之事既定，一个有胆略有雄心的领导者是必不可少的，刘渊脱颖而出，成为众人心中的第一人选。

"昔我先人与汉约为兄弟，忧泰同之。自汉亡以来，魏晋代兴，我单于虽有虚号，无复尺土之业，自诸王侯，降同编户。今司马氏骨肉相残，四海鼎沸，兴邦复业，此其时矣。左贤王元海姿器绝人，干宇超世。天若不恢崇单于，终不虚生此人也。"

刘渊就在不知不觉中被赋予了这样一个艰巨而光荣的使命。匈奴贵族刘宣，以呼延攸作为信史，赴邺城，与刘渊共谋大事。刘宣不是简单人物，是刘渊的从祖，也曾任北部都尉、左贤王等要职。

然而，愿望是美好的，道路是曲折的，此时的成都王司马颖坐镇邺城，意图将刘渊收为己用，便上书表刘渊为宁朔将军，监五部军事，以此讨好刘渊。刘渊一时被成都王控制，根本无法脱身，起兵之事更无从谈起。

刘渊以奔丧为由请归，司马颖哪里肯放行。刘渊用尽浑身解数，仍不得归，无奈，只得令呼延攸先行离去，让刘宣密召匈奴五部，做好起兵的打算。后以帮助司马颖赴难的名义如愿以偿回到了左国城。刘渊此次归来，无异于放虎归山，蛟龙入水，终不能再受人控制。

刘渊归来，便被冠以大单于的名号，以离石头为都，在此招募将士，半月之久，便已经聚众五万余人，这年是西晋永兴元年（304年）。这年金秋，马肥人壮，刘渊登上王位，自称汉王，入南郊祭天，迁都于左国城。刘渊建立的匈奴汉国政权成为在中原建立起的第一个少数民族政权，仅此一点，刘渊就足以永载史册。

## 匈奴来了，皇帝慌了

在臣子刘宣的劝谏下，刘渊在蒲子称帝，登上九五之尊的皇位，这一年是永嘉二年（308年）。

刘渊登上皇位以后，仍以汉为国号，大赦境内，改元永凤，大封宗室诸侯，效仿汉制，设立三公，大司徒、大司马、大司公。以其子刘和为大将军、大司马；刘聪为车骑大将军，族子刘曜为龙骧大将军。另外，还效仿晋制，"宗室以亲疏为等，悉封郡县王，异姓以勋谋为差，皆封郡县公侯"。封刘和为梁王，刘欢乐为陈留王，呼延翼为雁门郡公。

刘渊称帝的第二年，太史令宣于修之便进言："陛下虽龙兴凤翔。奄受大命，然遗晋未殄，皇居仄陋，紫宫之变，犹钟晋氏，不出三年，必克洛阳。蒲子崎岖，非可久安。平阳势有紫气，兼陶唐旧都，愿陛下上迎乾象，下协坤祥。"刘渊听其谏言，便迁都平阳，并将年号改为河瑞。

刘渊虽是匈奴人，但颇受儒家经典熏陶，对鬼神之类怀着敬畏之心，曾在汾水中得王莽时玉玺，便认为是天降祥瑞，自己有当皇帝的命。确也如此，不久之后，刘渊果真登上了皇位，真是应验了天命。现今太史令宣于修之观天象，得出不出三年便可攻克洛阳的预言，洛阳便成为刘渊的下一个目标。

洛阳城乃是西晋都城，西晋政治中心所在地，一旦洛阳城被攻下，西晋政权就会处于瘫痪的状态，那么西晋灭亡的日子也就不远了。刘渊这样想着，胸中的斗志便燃烧起来了，胜利似乎就在俯首可得的前方。

梦想只在咫尺，现实中却是一载又一载，刘渊攻打洛阳的计划开始了。这年三月，晋军左积弩将军朱诞因在朝中受到排挤，一怒之下带领士卒出走，来投刘渊。朱诞驻扎洛阳久矣，对洛阳城的情况了若指掌，便将其一五一十地告知刘渊，这样洛阳城中的消息尽在刘渊掌握之中。

洛阳城中，东海王司马越专擅皇权，角角落落尽是司马越的耳目，然而，看似平静安稳的朝野，却隐藏着数不尽的矛盾。朝中官员，人人自危，各自为利益而结党营私，而同时又为了更大的利益而出卖盟友，今日盟友明日敌人，真真切切应验了那句话，没有永远的敌人和朋友，只有永远的利益。重重矛盾，波涛汹涌，西晋王朝的落败成为不争的事实。

听闻朱诞所言，刘渊不禁喜上眉梢，真是天助我也，天赐良机，定要好好把握，不可错失。刘渊当机立断，以刘景为灭晋大将军，大都督，以朱诞为前锋，率领大军往洛阳开进。

匈奴汉国军队顺利攻下黎阳，又入延津，却在延津遭遇顽强的抵抗，最终被攻下。延津一战，打得颇为费劲，刘景是个急性子，手段残酷，延津一战打得甚是不顺心，让其兽性大发，竟然命士卒将所得俘虏与延津百姓三万余人赶入黄河，淹死者、踩踏而死者不计其数，其残酷可见一斑。

刘景所为完全违背了刘渊的性情，刘渊听闻刘景的血腥行为以后甚是愤怒，一气之下，便将其大都督的职务罢免了。

刘聪顶替刘景，担任大都督一职，与汉人王弥一同领兵，这刘聪血气方刚，勇气可嘉，自恃有几分胆量，颇为清高自傲，终究是在作战中栽了个大跟头。刘聪领兵继续往洛阳而去，途中遭遇几股西晋军队，均被刘聪一一击退，司马越派遣来的平北将军曹武、宋抽、彭默等也被刘聪大败，刘聪洋洋自得，长驱直入，过宜阳，直奔洛阳。

却说刘聪在奔洛阳途中，遇到弘农太守垣延，却见垣延并不与之交锋，原来垣延鉴于匈奴汉国兵力强盛，所向无敌，便背叛了晋军前来投靠匈奴汉国。刘聪大喜，对此并不怀疑，也不加以防备，是夜，垣延领兵突袭，刘聪才知垣延诈降，来不及还击，已经没有招架之力，刘聪率领残部狼狈而逃。

经过半年的休整，刘渊再次蠢蠢欲动，做好了进攻洛阳的准备。十月，洛阳城内，欣欣向荣，一片繁荣，宫殿中歌舞升平，毫无危机之前的紧张氛围。就在西晋朝廷毫无准备的时候，刘渊发兵了。

刘渊以刘聪、王弥、刘曜、刘景等将领率领五万精锐骑兵做前锋，又以呼延翼率领步兵在后，匈奴汉国大军出动，洛阳城内一时之间便乱成一团，宫廷内更是惶恐不安。刘聪进军迅速，西晋朝廷还没有作出反应，匈奴汉国大军已经抵达洛阳城外百里内。

刘聪领军屯兵洛阳城外，做好攻城的准备。所谓置之死地而后生，洛阳城内已经没有退路，唯有死拼，夜里晋军护军贾胤率领千余人的敢死队，悄然潜出洛阳城，袭击刘聪军队，面临这突如其来的战事，将军呼延颢领兵对抗，不敌被杀，其部众皆乱成一团，溃败而逃。

不久呼延翼又被部下所杀，消息传到刘渊耳中，刘渊知战事不利，恐怕再而衰，三而竭，便命令刘聪撤兵。此时的刘聪已经杀红了眼，哪里肯撤兵，仍领士卒进攻洛阳，却是节节失利。恰在这时，刘渊召刘聪退兵的诏书到了。原来，宣于修之见胜利无望，便对刘渊道："岁在辛未，当得洛阳。今晋气犹盛，大军不归，必败。"刘渊对此人甚是信任，再次令刘聪退兵。

匈奴汉国退兵，此时的刘渊已经年迈，更无征伐洛阳的精力，可怜他的大志未能达成，便归西了，真是"出师未捷身先死，长使英雄泪满襟"。

## 开着羊车去投降

建兴四年（316年），刘聪以刘曜为大元帅，领兵十万，再次进攻长安。这年蝗灾横生，朝廷无粮可征，长安城可谓凋零至极。刘聪将刘曜送出平阳城门，君臣各自嘱托一番，恋恋不舍地分开。刘曜领兵南下，一路上攻无不克，战无不胜，刘曜一路来到北地，北地太守麴昌战不过，便向晋愍帝求救。

晋愍帝接到北地急报，便令麴允为大都督，分兵三万，前去支援。却说这麴允领兵三万，前往北地，却在途中遇到一群逃难北地的百姓，打听之下，才知，北地已经沦陷。麴允一听此话，心中不免有些畏惧，刘曜有兵十万，而麴允却只有三万士卒，这样的悬殊，麴允哪里敢前去挑战。

麴允不再前行，掉头回兵。入得长安才知道，中了刘曜的计谋，原来，刘曜前往北地支援，刘曜害怕前后受敌，便传出假消息，让麴允信以为真，不敢前行。就在麴允回军的途中，北地的麴昌因孤立无援战死，全军覆没，北地被刘曜占领。

刘曜一旦攻破北地，便紧追麴允，麴允边退边战，被刘曜打得抱头鼠窜，狼狈逃回长安去了。刘曜一路追赶而来，破泾阳，入渭北，西晋将领不肯投降者皆被杀害。刘曜长驱直入，直奔长安。

长安被困，麴允、索綝无计可施，只能退守内城，等待奇迹的发生。晋愍帝向司马保求救，这司马保迟迟不肯发兵，在朝廷一催再催的情况下，才派胡崧出兵。这个胡崧作战英勇，却是个有心计的小人，为了个人利益，罔顾国家利益。

胡崧领兵在灵台大破刘曜，灵台距离长安只有四十里，若是胡崧能够乘胜追击，必然能够解除长安困境。然而，此人与麴允、索綝向来不和，唯恐长安之围解除以后，麴允、索綝二人再次把持朝政，抱着这样的想法，胡崧没有乘胜追击，反倒是驻守不动，观望起来。

救兵不来，而城中的粮草已尽，在这弹尽粮绝的时刻，晋愍帝只能吃麦饼煮成的粥为生，而这已经是最为奢侈的东西了。朝中大臣只能以挖野菜为生，那些百姓就可想而知了。

面临这些，仍有人想要从中谋取私利。索綝见长安城被攻破指日可待，便想从中捞取利益，便令他的儿子去见刘曜，对刘曜说："今城中之粮犹足支一年，未易克也，若许索綝为车骑将军、开府仪同三司、万户郡公，便献城以降。"

刘曜最看不起的就是这样的人，这个人现在如此，他投降以后，难保不会用同样的方法来对付你，毕竟江山易改本性难移。大怒的刘曜说了一段话，一挥手，便将索綝的儿子杀掉了，并将尸体送还索綝，真是大快人心，对待这样的人，理当如此。

却说晋愍帝整日吃粥来饱腹，不出几日，却到了连粥都吃不上的地步。这晋愍帝年仅十七岁，不过是刚刚理事的年纪，何时受过这样的委屈与屈辱。更见长安城内凄凉景象，便再也无法忍受这样非人的折磨。

男儿有泪不轻弹，只是未到伤心处，看来，晋愍帝是伤心了，看他哭着对麴允痛诉："今穷厄如此，内无粮草，外无救援，不如忍耻出降，以活士民。"

晋愍帝的这番话，说出了大多数人的心声，多有附和之声。然而，朝中仍有忠义之士，御史中丞冯翊吉朗便是一例，他的想法是："长安内外，尚有兵数万，若势穷力极，祸败必至，便当背城一战，同死社稷，岂可轻弃祖先之业？"

晋愍帝此话一说，既然是为黎民百姓，为将士，哪里还有反对的声音，这样投降的共识便达成了。

在古代，有一套专门的帝王投降仪式，那就是"乘羊车、肉袒，衔璧，舆梓，出东门降"。投降共识达成以后，晋愍帝亲笔写下投降文书，令人交予刘曜。

这一天，群臣将投降所用礼节备置齐全，晋愍帝乘着羊车，露着胸脯，嘴中含着玉，大开城门，缓缓往刘曜大营而去。身后群臣跟随，皆神色忧郁。

御史中丞冯翊吉朗性格倔强、有忠义，这么硬朗的一个汉子，竟然也忍不住掩面而泣。情绪稍作稳定，只见他走向晋愍帝，叩首后，便撞向了城门上的石柱，当即头破血流，不几时便气绝身亡，却是死不瞑目，眼中尽是哀伤。

刘曜见晋愍帝来降，欣然接受。晋愍帝连同群臣皆被送往平阳，犹如前任皇帝晋怀帝一样，晋愍帝跪在刘聪面前叩谢不杀之恩，这样的屈辱在旁人看来已经难以忍受了，就不要说晋愍帝本人心中作何感想了。

建兴四年（316年），刘聪在光极殿会宴群臣，也像对待怀帝那样，命令愍帝穿上青衣，替大家斟酒、洗怀，甚至在自己小便时，命令愍帝替他揭开便桶盖。陪伴晋愍帝同来的晋朝尚书郎辛宾见皇上如此受辱，失声大哭。事后，刘聪担心如留着愍帝，晋人复国之心不灭，就派人杀死了愍帝。

至此，西晋灭亡，这一年是建兴四年（316年）。

## 第五卷
## 疯魔东晋：枭雄横行患成灾

# 第一章

## 南渡北归：这条路很难走

### 晋朝有了新生命

　　愍帝被害的消息很快就传到了建康，晋王司马睿的文武百官都纷纷上书，请司马睿立即称尊。司马睿遂下令大赦，改建武二年为大兴元年。但是，在朝臣的一片劝进声中，周颛的弟弟，奉朝请周嵩却递入一笺，谏阻登基。周嵩以为现在正值多事之秋，不如秣马厉兵，伺机北伐，将刘聪等人逐出中原之后，再称帝不迟。

　　这话说得义正词严，弄得司马睿也下不来台。王导遂进言替司马睿解围，大意就是先使四海有主，再行北伐。司马睿既然得到了王氏的支持，也不做扭捏之态了，便决意登基，即皇帝位。而对于之前大唱反调的周嵩，司马睿就把他打发出建康，让他担任新安太守，离开了政治中心实际上就是遭到了贬职。

　　司马睿接受百官朝贺之后，却做出了一件十分突兀的事情：司马睿让王导和他共坐御床。御床是只有皇帝才能坐的，王导推辞再三，说道："若太阳下同万物，苍生何由仰照。"《世说新语·宠礼》中记载王导的话说得更加直接："使太阳与万物同晖，臣下何以瞻仰？"如果太阳跟万物一模一样，没有什么区分，那天下苍生要仰照谁呢？司马睿这才罢议。东晋的开国皇帝如此礼遇王导，不敢以臣僚视之，所以当时有人说道："王与马，共天下。"王导为司马氏在江南奠定了帝业，琅邪王氏由此和东晋皇室司马氏，开启了持续百年的门阀政治的格局。

当时除了"王与马，共天下"这句谚语外，还流传着这么一句童谣："五马浮渡江，一马化为龙。"这五马是琅邪王司马睿、西阳王司马羕、南顿王司马宗、汝南王司马祐和彭城王司马纮五人。琅邪王司马睿是司马懿的第五子司马伷之子；西阳王司马羕和南顿王司马宗都是司马懿的第四子汝南王司马亮的儿子；而司马祐的父亲司马矩则是汝南王司马亮的长子。

至于这个彭城王是谁，是有些分歧的，当时的彭城王是司马雄，也有人认为童谣中所指的彭城王是司马雄的弟弟司马纮。但是《晋书·彭城穆王权传》记载："子元王植立……遂以忧薨。子康王释立……薨，子雄立，坐奔苏峻伏诛，更以释子纮嗣。""建兴末，元帝承制，以纮继高密王据。及帝即位，拜为散骑侍郎……雄之诛也，纮入继本宗。"很明显，司马纮在南渡之初是由司马睿做主，过继给了高密王司马据。而在多年后的苏峻之乱时，司马雄因为投降叛军而被处死，司马纮这时才得以成为彭城王。

其实永嘉之乱以后，南渡的司马宗室远远不止这五个人，还有梁王司马翘、河间王司马钦、谯王司马承、通吉侯司马勋和司马流。河间王司马钦是司马释的儿子，和司马雄、司马纮是兄弟。当时在八王之乱，司马释被任命为南中郎将、平南将军，与荆州刺史刘弘同镇荆州。在永兴二年（305年），东海王司马越起兵讨伐河间王司马颙时，刘弘将彭城王司马释逐至宛城。司马释在永嘉三年（309年）死后，其三子司马雄、司马纮、司马钦可能不久就渡江南下了，《晋书·河间王颙传》中记载："建兴中，元帝又以彭城王释子钦为融嗣。"实际上，司马钦的王爵，正是在这时才获得的。

相似的情况也发生在司马翘的身上。因为梁王司马肜没有儿子，晋廷就让琅邪王司马伷的二儿子司马澹，把他的儿子司马禧过继给司马肜为孙子。后来，司马禧与司马澹都被石勒所俘虏。司马睿在江南时，又改立司马羕的儿子司马俚为司马肜的孙子，但是司马俚却早死。

这时司马禧的儿子司马翘却从北方那里逃了出去，南奔建康，司马睿遂立司马翘为梁王。史称，梁王"自石氏归国得立"。

司马承是司马懿的六弟谯王司马进的孙子，在南渡前，谯王承曾"拜奉车都尉、奉朝请，稍迁广威将军、安夷护军，镇安定。从惠帝还洛阳，拜游击将军。永嘉中，天下渐乱，间行依征南将军山简，会简卒，进至武昌。元帝初镇扬州，承归建康。"河间王颙自元康九年（299年）至光熙元年（306年）一直镇守关中，而谯王承这期间在安定做官，自然是司马颙的属下。司马颙失败后，谯王承就来到了荆州，依附于山涛之子山简。山简死于永嘉六年（312年），谯王承不久之后便东下建康了。

而司马睿能够从数"马"之内脱颖而出，一跃成"龙"，更是因为之前他在江东十年的经营，为晋朝保存了半壁江山。若不是当年八王之乱后，司马越派他镇守江南，他也就没有登基称帝的资本。司马睿在王导诸人的辅佐下，取得了大多数江东世族的肯定，使他在江南逐渐站稳了脚跟。但是不愿意和司马睿合作的世族大有人在，义兴周玘就对南下的司马氏宗室抱有怀疑的态度。

周玘的父亲，就是"除三害"的周处。当年武帝在位时，周处和梁王司马肜一起讨伐秃发树机能，梁王公报私仇，令周处孤军抵御强敌，导致周处战死沙场。或许因为这层关系，周处死后，周玘在西晋屡次不应州郡征召。周玘在江南一带声望极高。之前石冰、陈敏作乱，都是周玘联合江东世族一起讨平。还有一个挟持吴国末代皇帝孙皓的儿子孙充造反的钱璯，也被他用乡里义兵平定。这就是有名的"三定江南"。

周玘每次打完仗，就解散部队，从他这一点来看，似乎只是为了安定江东乡土，不是为了晋室办事。因为周玘掌握着一部分武装力量，司马睿对他也颇为忌惮，不敢重用。周玘郁郁不得志。建兴元年时，周玘为吴兴太守，与琅邪王司马睿的亲信刁协又有矛盾。他自思自己对司马睿既无推戴之功，自己又没有得掌朝政，政权反为北人所垄断，于是想发动吴人叛乱，杀掉诸位当朝执政大臣，改用南方人士。

司马睿发觉周玘的密谋后，也不敢采取公开镇压的办法，便改授周玘为建武将军、南郡司马。紧接着，等他动身准备前往南郡之时，又改任为军咨祭酒，撤掉了周玘的实权，只给了他一个闲官。周玘这时候知道自己的密谋已经泄露，遂忧愤而死。临终前，周玘对儿子周勰说："杀我者诸伧子，能复之，乃吾子也。"伧子是南人对北人的蔑称，可见周玘对于北人执掌政权，而南人不得参与政事这点有多愤恨了。

司马睿和王导明知周玘要造反，但是在他死后，仍然给周玘的谥号定为"忠烈"。司马睿和王导希望争端就此收场，但是事情并没有结束。周勰念念不忘父亲的遗言，便令吴兴功曹徐馥诈传自己的叔父、丞相从事中郎周札的命令，起兵讨伐王导、刁协。徐馥家里本来有部曲，加上响应的江东土豪，集结了好几千人。

建兴三年（315年）正月，徐馥杀死吴兴太守袁琇，发动事变。吴国末代皇帝孙皓的族人孙弼也在广德起兵，与他呼应。他们打算拥周札为主，周札这时因病待在义兴，听说这个消息后大惊失色，连忙去告诉义兴太守孔侃。周勰见叔父反对，就没敢再进行下一步。

徐馥集结的本来就是乌合之众，此时他们见情况不妙，便倒戈杀死了徐馥，孙弼也被地方官镇压。事变似乎可以结束了，但是周氏族人周续又在阳羡起兵。建康得讯，司马睿想要发兵讨伐，王导认为少发兵是不能平定这场叛乱的，要是多发兵建康就会空虚。

于是王导派周续的族兄周莚带一百名力士，去阳羡平乱。周莚连夜赶路，到了阳羡见到周续后，只说同去见太守，有要事相商。等到了府里，周莚喝令郡吏吴曾，在座上就把周续杀死。这场因义兴周氏而引起的事变才就此结束。司马睿对周勰也不追究，周勰见所谋未遂，"失志归家，淫侈纵恣，每谓人曰：'人生几时，但当快意耳！'"

司马睿坐稳皇帝位之后，渐渐感觉到王氏的势力过大，"王与马，共天下"的谚语让司马睿觉得很不是滋味。更为重要的是，在长江上游，建康的门户，此时是为王导的族兄王敦控制着。司马睿不满内外皆为王氏左右的局面，他试图收回本应属于他的皇权。

## 鹿死谁手不一定

王敦起兵前，曾上书朝廷，要求将自己部下在扬州的家属接到荆州。王敦此举分明是为了试探元帝，如果司马睿同意这一要求，自己不仅可以收买人心，而且方便日后起兵时自己的将士没有后顾之忧；如果司马睿拒绝，就可以借此煽动将士的不满，为起兵寻找借口。司马睿在接到了王敦的上书以后，也不知道该怎么办，就召集刘隗、刁协等人紧急磋商，最后认为王敦既然反叛之心已露，不如拒绝王敦的要求，以王敦部下的家属为人质，拖延他的反叛时间。

王敦见朝廷拒绝了自己的上书，就立即与自己的两位亲信钱凤和沈充秘密磋商，决定让沈充在吴兴起兵，骚扰建康东面。吴兴沈氏与义兴周氏都是江南的武力强宗，当时所谓"江东之豪，莫强周、沈"，而沈充家境十分富裕，这也为王敦的起兵奠定了强大的物质基础。《晋书·食货志》记载："晋自中原丧乱，元帝过江，用孙氏旧钱，轻重杂行，大者谓之比轮，中者谓之四文。吴兴沈充又铸小钱，谓之沈郎钱。"沈充能够自己造钱，足以说明他的经济实力了。义兴周氏周访本来和王敦势不两立，但周访死后，王敦就拉拢了他的两个儿子，让他们成为自己的爪牙。

但是在王敦集团的内部，并不是没有反对的声音。王敦的参军熊甫料到王敦将有异图，便从容劝说王敦要远离小人，王敦就问道："小人是谁？"熊甫不答，向王敦告退后就辞官远走了。记室参军郭璞，在大将军掾陈述去世时，郭璞知道王敦将有逆谋，便在吊唁陈述的时候，恸哭失声，边哭边说："嗣祖嗣祖，谁能知道你这不是福气！"嗣祖是陈述的字。除了熊甫和郭璞，还有王敦的长史羊曼和谢鲲，也都敏锐地觉察出王敦的图谋，因此，两人整天喝得人事不省。等王敦将要起兵时，去问谢鲲的意见，谢鲲说："刘隗诚然是祸首，但是，城狐社鼠。"意思就是刘隗就像居住在城墙内的狐狸,不能用水去灌,以免城墙塌陷;像是祭坛中老鼠,不能用火熏,以免发生了火灾,如果出兵的话,要顾及皇帝,投鼠忌器。

就是在王氏家族的内部,也对王敦起兵有异议。豫章太守、广武将军王棱,看到自己的从兄王敦渐渐跋扈,就经常劝说王敦,言语切直,王敦就对他怀恨在心。当初在荆州发动叛乱的王如投降王敦以后,王棱因为喜爱王如骁勇,就收到了自己的帐下。后来,王如匪性难改,经常与王棱的部将斗射角力,王棱见此大怒,曾经杖责王如,王如深以为耻。

王敦听说以后,就让人挑拨王如,劝王如找机会杀掉王棱。王如就在一次酒宴中,借机舞剑助兴,慢慢靠近王棱,王棱发觉情况不妙,连呼左右将王如拉出,可是,还没等卫士缓过神来,王如已上前将王棱杀了。听到消息的王敦,假装十分吃惊,命人追捕王如,杀死了王如灭口。

因为王敦的老巢在武昌,为了解除后顾之忧,早在起兵之前,王敦就已经派人与镇守襄阳的甘卓联络好了,甘卓也答应率军与王敦一起,去建康"清君侧"。而在武昌南面的湘州,虽然荒残,王敦也预先将司马承在湘州的船只征调了一半到武昌,但是王敦还是对司马承不放心,就派人说服他。司马承对王敦的使者说道:"吾其死矣!地荒民寡,势孤援绝,将何以济!然死得忠义,夫复何求!"一口回绝了王敦。

王敦见司马承态度坚决,就派自己的表弟,南蛮校尉魏义率两万精兵进攻长沙,牵制司马承。岭南的陶侃虽然有实力,但是因为离建康较远,鞭长莫及,王敦也不在意。一切准备就绪,王敦遂起兵东下,沈充也在吴兴响应王敦。王敦任沈充为大都督、督护东吴诸军事。王敦的哥哥、光禄勋王含听说王敦起兵,就逃出了建康,投奔王敦。

元帝得讯大怒,立即下诏:"王敦恃宠生骄,敢肆狂逆,疏言无礼,意在幽囚朕躬。是可忍也,孰不可忍!今亲率六军以诛大逆!"并征召戴渊、刘隗率兵入卫建康，封周处之孙、周札侄儿周筵为冠军将军、都督会稽、吴兴、义兴、晋陵、东阳军事，率水军三千人去吴兴讨伐沈充。

这时候先前依附王敦的甘卓老毛病又犯了，开始首鼠两端。当年陈敏之乱时，甘卓与陈敏是儿女亲家。可在顾荣等人的劝说下，他又背叛了陈敏，导致陈敏被杀。王敦出兵之前，曾经派人和甘卓联络，甘卓本来答应得好好的，可是等王敦发布了讨伐刘隗的文书，甘卓却派来参军孙双，劝说王敦不要东下。王敦一听甘卓要退，大怒说，此行只是去除掉奸臣刘隗，你赶紧回去跟甘卓说，事成之后，我保他做三公！孙双快马回到襄阳转达了王敦的意思，甘卓思来想去，还是举棋不定。有人向甘卓献计说不如先假装答应王敦，等王敦兵到建康的时候，再起兵讨伐他。甘卓回说："我过去在陈敏之乱的时候，就是先追随，后来相图，人们就说我反复无常。如果现今我还这样，那以后谁还愿意相信我呢？"

司马承见到甘卓犹豫不决，就派主簿邓骞前往襄阳去游说甘卓。邓骞见到甘卓后，就对他说："刘隗虽然失去人心，但是他不是祸害天下的罪魁祸首。王敦因为一点私人恩怨，就向京师举兵，现在正是忠臣义士尽忠报国之时。你身为封疆大吏，如果现在讨伐叛逆，就可以立下齐桓公、晋文公一样的功业。"

甘卓听后大笑，说齐桓公、晋文公那样的功业，以自己的能力是达不到。我再想想其他办法吧。甘卓的参军李梁向甘卓献策："不如暂时按兵不动，如果王敦成功了，肯定会委以重任；如果朝廷胜利了，必定会让您代替王敦的位置。"同时举出东汉初年，窦融保河西的例子来。邓骞反驳，说东汉光武帝刘秀创业之初，隗嚣、窦融二人割据一方，尚可以从容观望。但是今非昔比，如果王敦取胜，回到武昌，增加石城的守军，断绝来自荆州和湘州的粮草，该怎么办？况且身为人臣，国家有难，坐视不救，难道就会安心么？

邓骞看甘卓还是满腹狐疑，继续劝说道：您现在既不发动义举，又不接受王敦的指挥，大祸肯定会到来，这一点，不管是聪明人还是傻瓜，都看得出来。如今王敦身边的兵力不过一万多人，留守武昌的不会超过五千，而你现有的部队已经是他的一倍了。况且你是以顺讨逆，留守武昌的王含怎么能是你的对手？王敦部队现在已经顺流而下，没法再逆流而上，进行自救，拿下武昌，易如反掌。武昌一旦拿下，利用他的粮草武器，荆州江州都会平定，再像当年吕蒙攻下关羽的江陵那样，安抚王敦部队的家属，必然使王敦部队土崩瓦解。

就在此时，王敦为了进一步说服甘卓，使他下定决心追随自己，便派遣自己的参军乐道融前往襄阳。结果这个乐道融却有"国士之风"，虽然身为王敦的幕僚，但是怀有忠义之心。当乐道融抵达襄阳以后，针对王敦起兵的借口逐一进行了批驳，劝说甘卓不要助逆。在乐道融和邓骞两人的劝说下，甘卓转疑为喜，说道："君言正合我意，我志决了。"于是，甘卓公开发布了讨伐王敦的文告，数王敦的罪状，派遣巴东监军柳纯、南平郡太守夏侯承、宜都郡太守谭该等十余地方官联名声讨王敦，并率领本部人马东下讨伐王敦。甘卓另派参军司马赞、孙双一起携带奏章，前往建康报告，又派遣罗英到广州约请广州刺史陶侃，同时进军。

广州刺史陶侃接到了甘卓的书信后，立即命令参军高宝领军北上。武昌的守军听到甘卓即将南下的消息大为惊慌，就是王敦听说后方警报，也觉惊心，立即命令王含固守武昌。当时驻守合肥的征西将军戴渊看到了甘卓的奏章后，立即转呈给元帝司马睿。司马睿大喜过望，立即下诏加封甘卓为镇南大将军，侍中，都督荆州、梁州诸军事，荆州牧，陶侃为广州刺史、平南将军、都督交、广二州军事，兼领江州刺史。似乎一瞬之间，情形得以逆转了。

## 要玩就玩大的

此时身在建康的王导，又是怎么一副情形呢？王导领着自己的堂弟，中领军王邃、左卫将军王廙、王廙的弟弟王彬、被王敦所害的王棱的弟弟王侃等王氏家属二十多人，每天早上都站在皇宫门外等待处罚。顾和很关心王导，但又怕说错什么话惹来麻烦，就写道："王光禄远避流言，明公蒙尘路次，群下不宁，不审尊体起居何如？"含蓄地表达了对王导的关心。

有天早上，尚书周顗入朝办事，王导在宫门前向他呼喊："伯仁，我一家老小一百余口的性命都交给你了！"结果周顗连看都不看王导一眼，就径直进了宫。周顗进宫以后，竭力在元帝司马睿面前述说王导的忠诚。此时的司马睿也是很犹豫是否彻底与王氏决裂。周顗最终说服了司马睿。周顗在宫中与司马睿喝得酩酊大醉，一摇一晃地走出宫门，而此时的王导一家还在宫门外等待处分，他再度向周顗呼喊，想询问结果。然而，再次出乎王导意料的是，周顗还是不予理睬。

王导看到周顗竟翻脸不认人，暗暗切齿。周顗回到家中，仍然担心元帝对王氏的态度会动摇，于是，他又给司马睿写上奏疏，言辞恳切地说明王导的无辜，请求司马睿在王敦与王导之间划清界限，不要牵连所有的王氏子弟。司马睿这才打消了对王导的疑虑，命人送还王导朝服，并于宫中召见。王导跪地叩首，说："逆臣贼子，何代无之，不意今者竟出臣族！"元帝闻言连忙下座，光着脚走到王导身边，扶起王导，表示绝对相信他的忠诚。永昌元年（322年）四月，元帝下诏，以王导为前锋大都督，以戴渊为车骑将军，共讨王敦。同时，又下令征虏将军周札守建康石头城，以刘隗统军守金城。元帝身穿甲胄，亲自出城巡示诸军，表示御驾亲征的决心。

王敦这边，他所派遣的南蛮校尉魏乂已经逼近了湘州刺史司马承的治所——长沙。当时长沙的城墙修建尚未完工，粮草也十分缺乏，听闻王敦大军将至，人心惶惶。司马承的手下建议不如南逃到零陵郡或者桂阳郡，暂避魏乂的锐气。司马承回答，自己举起义旗，就是要以死报国，怎能苟且偷生，做望风而逃的败将。即使不能成功，也要让天下人知道自己的忠心。

司马承令手下将士绕城修筑堡垒，严密防守。甘卓本来想将司承派来的邓骞留作参军,与其一起东下,不过邓骞却以家中尚有老母为由谢绝了,于是,甘卓就派邓骞与参军虞冲一起回到了长沙,让司马承继续坚守,并声称自己将从沔口出兵,断绝王敦的归路,这样,长沙之围自然就解除了。但是,等到魏乂的军队抵达了长沙城下时,依然不见甘卓的援军。司马承就给甘卓回信,说中兴草创艰难,不想恶逆竟然出于宠臣。我司马承贵为宗室,突然承受如此重担,虽然万分艰巨,但是我只想尽我的忠心。如果足下能够立即派兵支援,长沙可能还有救,如果仍然满腹狐疑,那你就到死鱼铺子里去找我吧。末了,司马承写道:"书不尽意,绝笔而已。"这八个字显示了当时长沙的危急情况,透露出了司马承对甘卓的失望和谴责。

魏乂带领的是两万精锐甲士,而司马承身边的多为从湘州各郡赶赴的义从,缺乏训练,没有铠甲兵器,城内军粮也不足。春陵令易雄带来了数千义从,与敌人奋战,"士卒死伤者相枕"。司马承的司马虞望,领兵出城交战,也互有杀伤,连战数次,虞望中箭身亡,长沙城内又陷入了混乱。

司马承看到形势已经到了千钧一发的危急关头,遂派遣从事周崎与宜都内史周级的侄儿周该,一同越城向周级求救。结果两人在城外都被魏乂的巡逻兵抓获,魏乂派人问他们究竟是去何处求救,周崎回答谯王让我们去外面求救,让我们俩自己决定,没安排固定的去处。魏乂怎么能相信,便把周该暂且关押下来,对周崎说让他传话,周崎表面上答应,等魏乂率众牵着周崎来到长沙城下时,周崎大声喊道:"敦军惨败,甘安南克武昌,可速解长沙之围!"恼羞成怒的魏乂赶忙把周崎拉回军营,将其杀死。又严刑拷打周该,但是一直到把周该打死,周该也没有说出向周级求援的事,周级也因此未被牵连。

王敦知道拖得越久对自己就越不利,于是他也不顾后方不稳的情况,下决心率兵东下直攻建康。王敦一开始是打算要先进攻驻守在金城的刘隗,王敦的部将杜弘就对王敦建议说,刘隗手下的壮士很多,不容易迅速击败,不如先进攻石头城。周札此人对下属刻薄少恩,部队不愿意为他卖命,如果前去进攻他,肯定能够一举攻下。一旦周札被击败,金城的刘隗自然就退却。

这杜弘是当年杜弢之乱时杜弢的属下,杜弢失败后就投降了王敦。王敦遂采纳了杜弘的建议,任命杜弘为先锋,率领部队前去攻打石头城,两下交兵,周札的部将奋威将军侯礼战死,周札见势不妙,立即打开城门投降了王敦,建康的门户石头城就这样被王敦顺利占领了。王敦军拿下了石头城,建康的西门洞开,攻陷建康只是迟早的事了。

王敦登上石头城,俯瞰着建康,不禁叹息一声。这是王敦与元帝的第一次短兵相接,自己的忤逆行为成为了现实,王敦知道这肯定会遭到后世的唾骂。石头城失陷后,元帝立即乱了阵脚,他命令京师的所有部队全部出动,发誓要夺回石头城。于是,各路部队开始向石头城发起进攻,刁协、刘隗、戴渊各自率领部队与王敦军接战,均被打得大败;接着,王导、周颉、郭逸、虞潭等悉数出战,也均遭败绩,建康城能用之兵几乎损失殆尽。太子司马绍听说以后,不禁怒火中烧,想要率领卫士亲自出战。太子中庶子温峤赶忙劝说,司马绍这才停了下来。

刁协、刘隗被王敦打败后,狼狈逃回,与司马睿在太极殿的东殿相见,司马睿见到二人痛哭流涕,劝令他们赶紧逃难。二人纷纷表示:"臣当守死,不敢有贰。"司马睿命令手下给刘隗与刁协二人准备马匹,让他们各自逃命。刁协年事已高,骑不了马,又素无恩信,招募来的随从走到半道,就一哄而散,只剩下刁协一人,走到江乘时,被人所杀,传首王敦。王敦听任刁协的家人将其收葬。司马睿对刁协之死十分痛惜,后来秘密派人将杀死刁协之人捕杀;刘隗则逃到了淮阴防地,遭到了北中郎将、兖州刺史刘遐的袭击,刘隗无奈之下只得带领家属、亲随二百多人向北投奔石勒,石勒就任命他为从事中郎、太子太傅。

元帝司马睿在与王敦的对决中彻底失败了。刁协伏诛,刘隗北走,王敦本该入宫面君才对。但王敦"拥兵不朝,任士卒劫掠,宫省奔散",元帝身边只有安东上将军刘超率领部下宿卫宫中,和两位侍中陪伴着左右。

　　刘超是琅邪的旧臣，对司马睿忠心耿耿，他本来在服父丧中，因为王敦之变，司马睿特意下诏让刘超赶到建康。司马睿看到京畿之地，王敦和他的属下为所欲为，既愤怒又无奈地对左右说他王敦想得到皇位，何不早说，何苦这样残害百姓。元帝脱掉戎装，身着朝服，派人向王敦传话："公若不忘本朝，则天下尚可共安；如其不然，朕当归琅邪以避贤路。"司马睿俨然做好了离开皇帝位的准备，立国仅六年的东晋政权就这样拱手让人了吗？

## 臣子很跋扈，皇帝很无奈

　　元帝司马睿既然已经表达了可以退位的意思，王敦这时候完全可以乘势幽禁废掉司马睿，但是他并没有这么做。王敦没有搭理司马睿，司马睿也很无奈，只得命公卿百官齐去石头城拜见王敦。王敦与众臣见礼已毕，居于上座，就戏问前日的手下败将戴渊道："前日之战，有余力乎？"戴渊坦言："岂敢有余，但力不足耳！"王敦又问："吾今此举，天下以为如何？"戴渊不卑不亢，语带讥讽地回答道："见形者谓之逆，体诚者谓之忠。"王敦笑道："卿可谓能言之人。"（《晋书·戴若思传》）

　　戴渊此人，是吴地的数世强宗。"有风仪，性闲爽，少好游侠，不拘细行"。当年陆机带着数船行李去洛阳，戴渊与同行的人看见了，就有意前去抢劫。"戴渊登岸，据胡床，指麾同旅，皆得其宜"。陆机在船上望见，知戴渊非一般人，对戴渊说道："卿才气如此，怎会做此盗贼之事！"戴渊闻言感悟，遂与陆机成为挚交。

　　问完戴渊，王敦又转头向周顗埋怨道："伯仁，卿负我！"周顗依旧一脸不在乎："公戎车犯顺，下官亲率六军，不能成功，使王师奔败，以此负公！"这话说得王敦也无从回答。周顗"少有重名，神彩秀彻"，而且好饮酒，在西晋时，能日饮一石，过江后，日日沉醉，略无醒日，时人称周顗为"三日仆射"。有一次，周顗与一位刚从北方逃难来的老友对饮，两人喝掉二石酒，竟把对方活活喝死。初到江南时，王导曾与周𫖮豪饮，王导乘醉倚枕在他的腿上，指着他的肚子，戏问这里面有什么呢，周𫖮就豪语道："此中空洞无物，然足容卿辈数百人！"

王敦见到王导，埋怨王导道："过去你不听我的话，非要立这司马睿做皇帝，你看看，咱们王家差点遭到灭门之祸！"元帝随后下诏任命王敦为丞相、都督中外诸军事、录尚书事、江州牧，封武昌郡公。司马睿知道王敦历来对太常荀崧十分敬重，所以就派荀崧去石头城拜王敦。

王敦这时候估计余怒未消，不给元帝丝毫的面子，"并让不受"。司马睿一看王敦不受封官，内心不安，他在广室殿召见周𫖮，问道："大事渐息，二宫无恙，诸人平安，王敦无事否？"周𫖮说一切太平，但做臣子的安危，就不好说了。当时，护军长史郝嘏曾劝周𫖮避避王敦的风头，周𫖮慨然答道："吾备位大臣，朝廷丧败，宁可复草间求活，外投胡、越邪！"我周𫖮是朝廷大臣，朝廷失败，我怎可在荒草中求活，外逃依附于胡越呢？

王敦在这场政治角逐中大获全胜，虽然没有废黜元帝，刘隗和也是刁协死的死、逃的逃，但是对于这些在建康的朝中大臣，王敦还是很不放心，毕竟这些人当中大多都是司马睿的羽翼。王敦的参军吕猗，曾经做过尚书郎，戴渊当时为尚书，对此人非常厌恶，因而吕猗一直怀恨在心。吕猗就趁机对王敦进言："周𫖮、戴渊，这两个人都有很高的名声，足以蛊惑大众。如果不除掉此二人，还让他们执政的话，恐怕日后还要再次起兵，留下后患。"

王敦本来就对这二人颇为忌惮，不过，这二人一个为南人之望，一个是北人领袖，处理起来确实比较棘手。于是，王敦就先找到王导，试探着询问道："戴渊和周𫖮是南北之望，如果让他们做三公应该可以吧？"王导不答。王敦接着问："尚书令、尚书仆射之类总可以了吧？"王导依然沉默不语。王敦最后说道："如果这也不行的话，那就只有杀掉他们了。"王导还是没有吱声。于是王敦就派遣部将邓岳、缪坦前往逮捕戴渊和周𫖮。周𫖮死前大声疾呼："贼臣王敦,颠覆朝廷,枉杀忠良,神明有知,快诛杀此奸贼!"至死仍面不改色。后来王导检阅旧日文书时,方才看到周𫖮昔日救己的奏疏,王导拿着这些奏疏流涕道："我虽不杀伯仁,伯仁由我而杀,幽冥中负此良友。"

周𫖮和戴渊的被杀在当时引起了不小的波澜。王敦进驻石头城时曾经跟谢鲲说打算任命周𫖮为尚书令、戴渊为尚书仆射。在王敦逮捕周、戴二人的当天,王敦问谢鲲近来人心怎么样,此时谢鲲还不知道周、戴二人已经被王敦逮捕,他趁机建言说,如果能重任周𫖮和戴渊,谣言自然会平息。王敦一听,怒骂道,这俩人已经抓起来了。谢鲲素来敬重周𫖮,听了这话,不知所措。王敦的参军王峤也苦谏王敦,王敦大怒,要杀了王峤,一时间没人敢站出来为王峤说话。直到谢鲲求情王敦才罢议。

司马睿派去慰劳王敦的王彬,是王敦的堂弟,王彬一向与周𫖮关系很好,他到石头城以后,先去城外吊唁周𫖮,恸哭之后才进城去见王敦。王敦看到王彬这幅情形感到奇怪,就问出了什么事,王彬就说因周𫖮之死而伤心,接着王彬又责备王敦说兄长你起兵冒犯陛下,杀害贤良大臣,图谋不轨,将要给我们整个家族带来灾祸!

王敦闻言大怒,大喊要杀掉王彬,当时,王导也在座,生怕王敦盛怒之下真的杀掉王彬,赶忙起来解劝,让王彬给王敦认个错,赔个礼。王彬说自从我患了脚病以后,见到天子我都不想下跪,更不用说现在了。况且,我说这话,还有什么好道歉的!王敦冷冷地说道你跪下来脚痛总比脖子痛要好些!

镇守襄阳的甘卓本来在乐道融和邓骞的劝谏下,率兵东下,他的军队一直前进到猪口。但是就在这时候,甘卓却命令大军停留在猪口,等待各军会合以后,再一同出击,可是,来自荆州各地的部队有远有近,一时间无法全部到齐,所以,甘卓就在猪口整整停留了几十天之久。这时候王敦已经攻破石头,进驻建康了。

睹口距离沔口不远，王敦的老巢武昌感到的压力也越来越大。王敦让参军甘印前去劝说甘卓。甘印是甘卓的侄子，见到甘卓后转达了王敦的意思。甘卓又一次动摇了。乐道融苦苦相劝，请求甘卓趁机攻下武昌，甘卓就是不听，乐道融不久就忧愤而死。

甘卓的数万大军驻扎在武昌附近，这一点让王敦仍然不放心。等王敦完全控制了建康后，就派人从皇宫中取出用来解斗的"驺虞幡"，命令甘卓退兵。甘卓已经听到了周顗与戴渊被害的消息，向甘印哭着说道自己所忧虑的，正是今日之事。过去每次得到朝中人士的书信，都关注胡人的进犯，不想朝中竟然出现了内乱。好在皇上和太子无恙，自己驻守在王敦的上游，他也不敢恣意危害朝廷。自己如果直接占领了武昌，王敦走投无路，肯定会劫持天子。不如暂时回到襄阳，再作打算。当即就命令回师襄阳。击败王敦的最后一点希望也由此破灭了。

# 第二章

## 宋武出山：丧钟为东晋响起

### 你们乱着我夺权

桓温是东晋末年知名的政治家和军事家，也是当时权倾朝野的大枭雄。他晚年虽然有篡逆谋反的贼心，但是毕竟没有迈出这一步。但是桓温的小儿子桓玄，却是一个敢想敢干的"行动派"，贼胆也远在老爹之上。

在桓玄刚开始有篡晋的想法的时候，他的兄长桓谦曾经就这个问题问过刘裕的态度，因为当时刘裕通过讨伐孙恩，迅速蹿升成为了当时东晋的又一名封疆大吏。刘裕这个人不光英勇而且鬼主意很多，史书上记载当时刘裕已经"志欲图玄",也就是说刘裕在暗中已经在想着取代桓玄的位置。

他认为,如果桓玄不反,反而对他不利,因为他没有攻击桓玄的由头。如果桓玄果真是反了的话,那么这是刘裕的重要机会,能够借此作为借口讨伐桓玄。当然,桓玄并不知道刘裕心中真实的想法,还把刘裕当作"股肱之臣"予以依赖。刘裕听到桓谦这样问,心中其实是在黯然欣喜。于是平静地说道:"楚王,宣武之子,勋德盖世。晋室微弱,民望久移,乘运禅代,有何不可?"从面子上表达了对于桓玄这种行为的纵容和支持。只可惜桓玄根本就没能看出这个人包藏祸心,外表憨厚内藏奸诈,实在是东晋王朝中最具野心的人物。

在刘裕这样一番怂恿之后,桓玄终于篡晋称帝。这时候高兴的不但有桓玄自己,还有在暗中的刘裕。但是刘裕在桓玄面前还是表现得非常谦卑。有一次桓玄见到刘裕,想起了他以前支持自己的言行,于是便对左右的人说:"昨见刘裕,风骨不恒,盖人杰也。"桓玄只看出了刘裕是人杰,却没看出刘裕有真命天子的命。桓玄只把刘裕当作一个普通的将才加以利用。在每次出巡的时候,都对刘裕优礼有加,赠赐甚厚,想用这种方式让刘裕为自己所用,但刘裕在内心当中已经打定了主意就是要夺桓玄的位置,又怎能因为桓玄这样对他就放弃这样的一个野心呢?

桓玄身边也不是没有明白人。在这种时刻通常都会出现几个旁观者清的角色来为当局者指清方向,就看那个当局者是听还是不听了。他们劝桓玄说:"刘裕龙行虎步,视瞻不凡,恐不会久为人下,宜早有所为。"桓玄显然是听不进那类当局者的话,在他心中刘裕是个"好孩子"十分听自己的话。于是他不以为然地回答道:"我方欲平荡中原,非刘裕莫可付以大事,关、陇平定,然后当别议之耳。"从此之后对刘裕是多加褒奖。

其实桓玄也不一定是看不出来刘裕的心思,再加上有人提醒他,内心肯定会对刘裕有一些芥蒂,但是桓玄这个人还有另外一个特点,就是对自己的极度自信，他相信自己能够利用和平的方式来解决刘裕的问题。于是便下诏说："刘裕以寡制众，屡摧妖铎。汎海穷追，十殄其八。诸将力战，多被重创。自元帅以下至于将士，并宜论赏，以叙勋烈。"桓玄心想，我作为皇帝能够这么褒奖你这个将领，你还不得感恩戴德？桓玄彻彻底底地把刘裕的为人给想错了，从刘裕在战场上能够如此拼命的情况看，刘裕这个人对自己的要求极严，同时又极度阴险。就在桓玄百般讨好刘裕的时候，刘裕在暗中却做了大量准备工作，时刻准备着起兵平灭桓玄。

等到一切准备停当，到了元兴三年（404年）二月，刘裕组织了一次所谓的"游猎"，这实际上是一个借口，真正的目的在于有一个集结部队的理由。刘裕在暗中与何无忌等人集结部众，并且在暗中联合了魏咏之、檀道济、周道民、田演等一批对桓玄的所作所为不满的将领率众起兵，在京口、广陵杀死了桓玄的亲信桓修和桓弘。刘裕真可以说得上是一个"影帝"，在桓修被杀之后，作为罪魁祸首的刘裕竟然会痛哭流涕，表示要厚葬桓修。

刘毅的兄弟刘迈原来也在建康。当刘裕起兵讨伐桓玄不到几天，派遣同谋周安穆前去通报刘迈，要他作为内应。但是刘迈这个人平生胆小怕事，他在表面上敷衍周安穆，内心当中却并不敢应允。这个人同时也是一个心里有什么事情都藏不住的人。他的表现轻易就被周安穆给看穿了，周安穆担心这件事情会因此泄露，于是急忙赶回报告刘裕。

这个时候，桓玄任命刘迈为竟陵太守。这样刘迈就一下子被夹在了桓玄和刘裕两人的中间。刘迈便不知该怎么办才好，后来他认为只能是躲开朝廷当中的争斗自己去享清闲去，于是准备船只走马赴任。在一天夜里，刘迈接到了一封桓玄给他的信。信中问道："北府人情云何？卿近见刘裕何所道？"这说明桓玄在内心当中对于刘裕是有一定的防范的，并且桓玄对于自己的下属不是十分信任。

这封信实际上仅仅是一封试探信，因为桓玄心中毕竟是不太相信刘裕能够反叛自己。刘迈在看到这封信之后惊恐万分，他以为桓玄已经知道刘裕的阴谋了，于是急忙想赶紧脱身。在第二天一早就把事情全盘托出。桓玄在这时候才如梦方醒，确认了刘裕确实有反叛自己的阴谋，于是便封刘迈为重安侯。但是桓玄这个人也是个犹犹豫豫的人，这种犹豫是他最大的问题。本来已经封了刘迈为重安侯，这就等于昭示世人，我已经原谅刘迈以前的所作所为了。更何况刘迈原本就没有真正的反叛意愿，已经告诉了桓玄真实的情况。但桓玄在这之后认为刘迈不抓住周安穆，使周安穆得以逃出，这对他来讲是不能原谅的，于是又把刘迈给杀了。这样做等于在朝中失去了诚信，把朝廷当中的大臣弄得是人人自危。

桓玄在杀掉刘迈之后便开始准备对付刘裕，连忙召桓谦、卞范之等人进行商讨。桓谦认为应马上出兵攻击刘裕。但桓玄并不同意这个建议，说："彼兵速锐，计出万死。若行遣水军，不足相抗，如有蹉跌，则彼气成而吾事败矣。不如屯大众于覆舟山以待之。彼空行二百里，无所措手，锐气已挫，既至，忽见大军，必惊惧骇愕。我按兵坚阵，勿与交锋，彼求战不得，自然散走。此计之上也。"于是派顿丘太守吴甫之、右卫将军皇甫敷北拒刘裕。

应该说桓玄的这个战略是有着一定的道理的。也许在对待其他人的时候能够有效果，但是他的对手是刘裕，是当初那个以一当千的刘裕，又怎么会"忽见大军，必惊惧骇愕"？桓玄还是对于自己的实力过于自信了。但同时桓玄也承认刘裕确实是一个不好对付的对手，曾经有人宽慰他说："刘裕等众力甚弱，岂办之有成？陛下何虑之甚。"桓玄听了之后回答："刘裕是为一世之雄。"（事见《宋书·武帝本纪》）

到了元兴三年（404年）三月，刘裕和桓玄手下的勇将吴甫之会战于江乘。吴甫之的军队是桓玄阵营当中的一支精锐部队。但是刘裕要比他更加勇猛，刘裕在这场战争当中又拿出了他的看家本事——喊。刘裕手执长刀，大声呼叫着，身先士卒。看到主帅的表现，刘裕的军队一下子就士气高涨，结果最终吴甫之被杀。接着，双方军队又战于罗落桥，桓玄的部下皇甫敷率数千人迎战。宁远将军檀凭之与刘裕各率一队人马，但是在这当中檀凭之战败被杀，他手下的士兵便纷纷逃散。虽然失去了一个重要的支援力量，但刘裕却越战越勇，前后奋击，所向披靡，最后皇甫敷兵败被斩。

听说皇甫敷战败后桓玄便更加恐惧。急忙派出桓谦屯兵东陵口，让卞范之在覆舟山西屯兵，这时候双方兵力总共约有两万余众。不久之后，刘裕让自己的士兵全部都吃饱肚子，把所有的余粮全部扔掉，轻装上阵。这种做法类似于当时项羽的破釜沉舟，一方面减轻了自己士兵的负重，另一方面也让士兵有了必死的决心，极大地提高了士兵的士气。

刘裕率领军队前进到覆舟山东，命令手下将旗帜遍插在周围山上，他的目的在于让桓玄的军队误认为他的主力在这里。桓玄又增派武骑将军身为庾家后代的庾祎之前往增援。刘裕面对强敌镇定自若，总是冲杀在最前阵，这样一招百试百灵。士兵受他鼓舞，士气十分旺盛。恰巧在这时候，老天刮起了东北风，刘裕抓准了这样的时机马上下令纵火，这时候火烟张天铺地，史书上记载"鼓噪之音震京邑"。桓玄的最后一道防线就这样土崩瓦解。桓玄看到大势已去，只得让殷仲文守住建康，自己率子弟沿长江南下逃走了。

刘裕的部队马上直奔建康，不久之后建康城被攻下。当刘裕的部队刚刚攻克建康的时候，桓修的司马刁弘率文武佐吏前来救援。于是刘裕登上城楼对他说："我等并被密诏，诛除逆党，同会今日。贼玄之首，已当枭于大航矣。诸君非大晋之臣乎？今来欲何为？"这实在是一个现场版的"空城计"，刘裕在城中根本就没有准备好足够的士兵进行守城作战，于是便想出了这个主意。这个刁弘也是个无能之辈，轻易地就被刘裕唬住，只能撤退。不久之后刘毅等人率部众赶到，刘裕急命他杀了刁弘。

刘裕并没有直接代晋自立，而是打着恢复晋朝的名号，这绝对是聪明之举。因为当时的天下形势还不够稳定，跟随刘裕起兵的人也都是为了铲除桓玄奸党。如果这个时候刘裕代桓玄自立那么难免会引起新的一轮混乱，也许刘裕会步桓玄后尘。所以刘裕并没有在攻进建康之后就自立而是在建康立留台官，并且将原先桓玄所立的宗祠彻底烧毁，重立晋新主在太庙中，这个举动向世人表明我刘裕是为了重振晋室才这样去做的，是为了天下而不是为了我刘裕个人，我刘裕跟桓玄不同。

通过这样一番宣誓之后，他摇身一变成了东晋的大功臣。于是朝廷派尚书王嘏率百官迎接刘裕，朝廷命刘裕都督扬、徐、兖、豫、青、冀、幽、并八州诸军事，领军将军，徐州刺史。地位比当初桓玄的地位还要高，几乎掌握了全国的军事权力。

在这之后，刘裕又派人去追击苟延残喘的桓玄，最终在峥嵘洲大败桓玄。桓玄继续逃窜。到了义熙元年正月（405年），刘毅等人到达江津，攻破了桓玄的亲族桓谦、桓振，将桓玄的老巢江陵攻下，桓玄仍旧坐船逃走。听闻江陵被攻陷，晋安帝司马德宗被刘裕给接到江陵，下诏历数桓玄罪状，竭力称赞刘裕平定桓玄之乱中所立下的功绩，并封刘裕侍中、车骑将军，都督中外诸军事，使持节、徐青二州刺史如故。至此，刘裕已经是全天下官职最高的人物，成为了东晋朝廷的新主心骨，或者说是"新主子"。

至于桓玄则仓皇向西逃亡蜀中，当初自己的父亲志得气满地前去攻伐成汉，现在桓玄却只能是向着蜀中逃命了。最终在逃命的路上，被益州刺史的部队截杀，年仅三十六岁。他的堂弟桓谦为其上谥为武悼皇帝。这位皇帝的头颅最后被送到建康，挂在一个大杆子上示众，百姓看到之后竟然都十分欣喜，可见桓玄的篡逆之举是多么不得民心。

刘裕掌握了中央权力之后，对于桓玄时期的种种弊端予以改革。史书上记载："先以威禁内外，百官皆肃然奉职，二三日间，风俗顿改。"原先因为几场战乱而萧条的东晋终于出现了一些和缓的迹象。当然，看见刘裕最后把风头都给抢了，当初那些跟随他的人之中也必定有不满的人，刘裕随后就都把他们给清理掉。巩固了自己在朝中地位。

这时候，北方的局势也发生了变化。苻坚的前秦已经被消灭。但慕容垂所建立的后燕也没有长久，被后魏政权所打败，被截成了两个部分。南边靠近东晋的一部分就成为了慕容德所创立的南燕政权。

刘裕为了进一步巩固自己的地位，又用出了当初桓温所用过的老招数，兴师北伐。北伐的目标就是这个小小的南燕政权。原本这个南燕就是个落败而形成的残余政权，因此并没有什么真正的实力，轻易就被刘裕所打败，南燕的领土就成为东晋的疆域。

## 东晋至此呜呼哀哉了

刘裕生于东晋隆和二年（363年），到了他回到建康的时候是公元417年，刘裕已经是将近六十岁的人了。如以前的枭雄们一样，刘裕在朝中虽然没有敌人了，但是他现在最大的敌人就是时间。因此再回到建康之后他便加快了篡位的步伐。

天赐良机流传谶言说，晋朝最起码还要经历两位皇帝国祚才能够消失殆尽，这对于刘裕来说简直是天方夜谭。他怎么可能让这个傻子安帝司马德宗一直对他指手画脚？况且当时安帝尽管傻，但是毕竟还年轻，说不准自己就会被一个傻子给熬死。因此刘裕不得不想办法让安帝的生命变得"短一些"。

但是当时，安帝身边总跟着一位司马氏的王爷琅邪王司马德文。安帝虽然傻，但是司马德文不傻。司马德文一定是已经预料到了什么，因此为了保住大晋的江山，一直在安帝的左右不离开守着这个傻哥哥。这样就为刘裕一伙人暗杀安帝增添了很大的难度。

终于有一天司马德文患病了，只得回府休养。刘裕他们就抓住了这个机会，王韶之用衣带把晋安帝活活地缢死于东堂，安帝这时候年仅三十七岁。这个王韶之也是王家大族之后，"王与马共天下"有他们家的一分子，最后竟然是王家的人杀了司马家的皇帝，这实在是让人唏嘘不已。

晋安帝死后，刘裕为了附和谶文当中的内容，并没有急着就篡位当皇帝。他选择立一直陪在安帝左右的琅邪王司马德文为帝，是为晋恭帝。晋恭帝时期完全就是刘裕建立自己宋朝的过渡时期。刘裕夺权的许多重要节点都发生在这一时期。

恭帝元熙元年（419年）八月，刘裕进位成为宋王，移镇寿阳。这时刘裕距称帝仅一步之遥。元熙二年（420年）三月，刘裕想试探一下群臣们对自己称帝这件事情的想法，就大集朝臣在寿阳欢宴。酒桌有时候能够完成许多重要的事情，现代人可能需要开会研究一下，古代仅凭一桌酒席就能决定家国大事。

在觥筹交错之中，刘裕为了试探诸人反应，便说："桓玄篡位，鼎命已移。我首倡大义，兴复帝室，南征北伐，平定四海，功成业著，遂荷九锡。今年将衰暮，崇极如此，物忌盛满，非可久安。今欲奉还爵位，归老京师。"

但是当时参加酒宴的大臣大多根本没有对这么重要的信息有什么反应，史书上记载："群臣唯盛称功德，莫谕其意。"宴会结束之后。中书令傅亮已经从刘裕的王府往家走了老远，在路途当中他反复思索着刘裕在酒桌上说的话，想着想着终于明白了刘裕的意思。于是他连夜赶回刘裕王府，要求觐见刘裕。刘裕心想终于有个聪明人明白他的意思了，便马上开门召见。等到傅亮进门行礼毕，先开口说话："臣暂宜还者。"这意思就是说，我现在应该回到建康去为您的大殿进行准备了。刘裕心里也明白傅亮说的是什么，也就不再多讲，问："须几人自送？"傅亮回答："数十人可也。"于是傅亮便告别刘裕向着京城的方向出发。

在途中，由于是夜晚，傅亮看到天空当中有彗星下落。古时候这样的天象都预示着有大事即将发生。当然这原本是一个巧合，也或许是后代的史家为了宣扬刘裕的神性而故意这样去写的。但无论怎样，傅亮看到这样的天象内心还是一惊，拍着自己的大腿说："我常不信天文，今姑验矣。"

带着这样的预示，傅亮回到建康之后，便马上操办禅让典礼的事情,他让朝廷诏命"征"刘裕"入辅",也就是让刘裕能够前往建康来,刘裕上表将自己的孩子义康作为都督豫、司、雍、并四州诸军事、豫州刺史,镇寿阳。义康尚且年幼,便以相国参军南阳刘湛为长史,决府、州事。刘裕自己受了朝廷的"诏命"前往建康。这样可谓万事俱备只欠东风,就等着刘裕前来称帝了。

元熙二年(420年)六月壬戌日,刘裕大队人马到达建康。傅亮马上入宫,"讽晋恭帝禅位于宋",让晋恭帝司马德文照着早就已经写好的退位诏书抄了一遍,史书上记载"帝欣然操笔,谓左右曰:'桓玄之时,晋氏已无天下。今日推国与宋王,本所甘心!'"于是自书赤诏,"禅让"天下。

禅位诏书一经下达,就标志着自晋元帝南迁建立小朝廷共一百零三年的东晋王朝彻底灭亡了。这一年的六月丁卯日,刘裕南郊登上高坛,继皇帝位,是为宋武帝,并改元为永初。同时刘裕封晋恭帝为零陵王,徙至秣陵县,派重兵禁守。

尽管司马德文已经很小心了,但还是没能够让刘裕放过他。一年多后,刘裕派褚皇后的兄弟携毒酒去弑恭帝。褚淡之和褚叔度两兄弟先把姐姐叫出来说要拉家常,引开褚皇后,这时恭帝心里已经是有所觉察了。三个兵士跳墙入室,像当初张贵人刺杀孝武帝一样,用被子把恭帝活活闷死,时年三十六岁。

自此,东晋王朝伴随着最后一位皇帝的死亡结束了它的历史。我们的故事也就暂时告一段落了。

NP

三国·两晋超有趣